EDITORA AFILIADA

Dados Internacionais de Catalogação da Publicação (CIP)
(Câmara Brasileira do Livro, SP, Brasil)

Lomônaco, Beatriz Penteado
  Aprender : verbo transitivo : a parceria professor-aluno na sala de aula / Beatriz Penteado Lomônaco. São Paulo : Summus, 2002.

  ISBN 85-323-0767-1

  1. Análise de interação em educação 2. Aprendizagem 3. Professores e alunos 4. Professores – Formação profissional 5. Prática de ensino 6. Psicologia educacional I. Título.

02-1429   CDD-371.1023

Índice para catálogo sistemático:
1. Interação professor-alunos : Educação   371.1023

Compre em lugar de fotocopiar.
Cada real que você dá por um livro recompensa seus autores
e os convida a produzir mais sobre o tema;
incentiva seus editores a encomendar, traduzir e publicar
outras obras sobre o assunto;
e paga aos livreiros por estocar e levar até você livros
para a sua informação e o seu entretenimento.
Cada real que você dá pela fotocópia não-autorizada de um livro
financia um crime
e ajuda a matar a produção intelectual em todo o mundo.

Beatriz Penteado Lomônaco

Aprender: verbo transitivo
a parceria professor-aluno na sala de aula

summus editorial

APRENDER: VERBO TRANSITIVO
A parceria professor-aluno na sala de aula
Copyright © 1997, 2002 by Beatriz Penteado Lomônaco
Todos os direitos reservados por Summus Editorial.

Capa: **Tereza Yamashita**

summus
editorial

Departamento editorial:
Rua Itapicuru, 613 – 7º andar
05006-000 – São Paulo – SP
Fone: (11) 3872-3322
Fax: (11) 3872-7476
http://www.summus.com.br
e-mail: summus@summus.com.br

Atendimento ao consumidor:
Summus Editorial
Fone: (11) 3865-9890

Vendas por atacado:
Fone: (11) 3873-8638
Fax: (11) 3873-7085
e-mail: vendas@summus.com.br

Impresso no Brasil

Para Ana, Ana Lúcia, Cice, Maria e Patrícia, com afeto.

"Escrevemos para ser o que somos,
ou o que não somos.
Em um ou em outro caso,
nos buscamos a nós mesmos,
eternos desconhecidos.".

Octávio Paz

Este livro vem testemunhar suas próprias hipóteses: a reflexão sobre a aprendizagem é mais fecunda quando realizada com pares que nos auxiliam e nos fazem avançar. A eles, meus sinceros agradecimentos:

A Mary Júlia, minha orientadora de mestrado, parceira transitiva do aprender, que com bom humor e poesia tornou esta tarefa mais instigante e rica;

A EMPG prof. Airton Arantes Ribeiro que me acolheu com carinho, especialmente às coordenadoras pedagógicas W. e I. e às professoras, pela disponibilidade e colaboração;

A Maria Alice Setúbal, por me iniciar na pesquisa em educação, pela confiança, pelo aprendizado e apoio constantes;

A toda a equipe do CENPEC, parceiras na paixão de educar;

A Cláudia Davis, pelo incentivo inicial; a Maria Alice Garcia, pela presença e por seus palpites adequados; a Marlene Cortese, pelo colo carinhoso; a Izabel Galvão, pelo auxílio e cumplicidade, e a Heloysa Dantas, pela análise cuidadosa;

A Patrícia Amorim, leitora atenta, interlocutora perspicaz, pela amizade de todas as horas, que foi essencial nos momentos de grandes impasses e descobertas;

A Bernard Charlot, professor da Universidade de Paris VIII, cujas sugestões ao final do trabalho foram preciosas e lançaram uma ponte para sua continuação;

A Mário de Andrade que inspirou o título desse trabalho a partir de sua obra "Amar Verbo Intransitivo".

E a meus pais, Affonso e Mercedes que, um dia, me presenteando com a coleção de Monteiro Lobato, introduziram-me nesse fantástico mundo da leitura e escrita.

Sumário

Apresentação 9

I. INTRODUÇÃO 11

II. PRESSUPOSTOS TEÓRICOS 17
   1. Concepção interacionista de aprendizagem 17
   2. Psicanálise e educação 33
   3. A entrada na escola: um momento especial 38
      3.1. A caracterização do período escolar
            para as teorias interacionistas 38
      3.2. A Psicanálise e o período de entrada na escola 45
   4. Afinal, quem é esse aluno que entra na escola? 49
   5. Relação com o saber 53
   6. Aprender o ofício de aluno 56

III. UM POUCO DE HISTÓRIA 59

IV. ANÁLISE DAS ENTREVISTAS 65
   1. O que pensam as crianças sobre o aprender 65
      1.1. O que a gente aprende? Por quê? 65
      1.2. A moral do aprender 81
      1.3. Onde a gente aprende o quê? 83
      1.4. Quem aprende? Quem ensina? 94
      1.5. Gostar, querer, poder 99
      1.6. Do desejo de ler e escrever 102
      1.7. Aprender e brincar 107
      1.8. Quem sabe muito, quem sabe pouco 108
   2. O que pensam as crianças sobre o ensinar 112
      2.1. O que a professora sabe 118
   3. Afinal, qual o papel do professor? 121
   4. Análise do resultado escolar das crianças entrevistadas 135

V. UMA SÍNTESE 146

Referências Bibliográficas 149

Anexos 155

Apresentação

No momento atual em que o Brasil se depara com o desafio de fazer com que as crianças aprendam e permaneçam na escola completando as 8 séries do ensino fundamental, o livro *Aprender: Verbo Transitivo* traz uma contribuição inovadora e significativa para esse debate ao enfocar temas como: a relação professor-aluno-conhecimento; o papel da afetividade na aprendizagem; os determinantes de sucesso na aprendizagem.

Nesse contexto a autora focaliza seu trabalho na 1ª série, situando a importância da entrada na escola formal, e escolhe o significado da aprendizagem como eixo da análise, buscando conhecer o objeto da ação dos professores, ou seja, os alunos, o que pensam, como recebem os ensinamentos de seus professores, que sentido tem a escola para eles.

Ao dar voz aos agentes principais do processo de ensino-aprendizagem, o professor e o aluno, Beatriz tece os caminhos e os sentidos construídos por esses atores, por meio do conhecimento.

Nas palavras de Beatriz, "conhecer é uma parceria tão íntima e indissolúvel entre sujeito e o objeto de conhecimento que ambos se originam simultaneamente". Os dados analisados apontam que a escola é um grande valor para crianças e professores, e enfatizam ainda que "a construção do sentido da aprendizagem e da escola está baseada nos motivos/desejos de conhecer que são construídos por meio de uma rede de significados na relação com o mundo dos objetos, das pessoas e do conhecimento".

Cabe portanto aos educadores, e especialmente à escola, preservar e alimentar esse desejo, essa paixão natural, em direção ao conhecimento, requisito fundamental para o exercício da cidadania na sociedade moderna.

Maria Alice Setubal

I. INTRODUÇÃO

"No primeiro dia que eu cheguei na aula, eu fiquei assustada, porque não tinha livros, nem caderno, nem borracha, nem lápis. Mas no segundo dia, minha mãe comprou um lápis, aí eu já fui percebendo, né? Aí a professora foi passando "São Paulo", assim né, aí eu fui aprendendo. Agora eu não tô mais assustada, agora eu tô adorando essa escola! No primeiro dia de aula eu vi uma estrela caindo à noite, minha irmã tava dormindo né, e eu falei: é sorte. É sorte, eu acho que eu vou ser a melhor da classe. Daí eu fui!"

Gislene

A fala de Gislene, uma das crianças com quem trabalhei, vem confirmar a idéia de que, entre os vários desafios da infância, a entrada da criança na escola marca uma etapa bastante especial na vida. A entrada na escola formal é símbolo do status que exerce a instituição escolar por sua possibilidade de enriquecimento do universo infantil; é nela que se ampliam as relações pessoais e a conseqüente oportunidade de se vivenciar novos papéis. O contato com o conhecimento acumulado irá proporcionar à criança novas aprendizagens, permitindo que ocupe um lugar social de maior relevância, tornando-a apta ao enfrentamento de problemas colocados pela sociedade. Todos esses motivos, ou pelo menos parte deles, mobilizam pais e crianças para a necessidade do aprendizado formal e sistemático oferecido pela escola.

No entanto, esse é um tempo de desafios que trazem não apenas alegrias, mas também desprazer. O momento de inserção na escola significa um primeiro passo de renúncia, de abdicação, de esforço que a criança terá que realizar por alguns anos de sua infância. O novo e a descoberta carregam simultaneamente o prazer e a dor: sair da segurança do conhecido para enfrentar o desconhecido, sempre duvidoso, conviver com as expectativas do próprio desempenho, perante si mesmo e os outros. Agora, não mais o núcleo familiar restrito, mas o grupo social que se amplia e exige da criança novas respostas. Quem não se lembra da primeira professora? De como sua presença era admirada ou temida? Do avental que usava, do giz que escorregava na lousa negra, desenhando letras redondas que tínhamos de copiar em cadernos pautados (e o que fazer quando acabava a linha?), com todo o cuidado para que não tivessem orelhas. Do suor nas mãos quando ela tomava a tabuada... Da cartilha aberta exalando perfume de livro novo, do lápis apontado bem fininho, muitas e muitas vezes até se acabar, sem ter sido bem usado... Do uniforme bem passado, símbolo perfeito de um ritual de iniciação. Dos cartazes coloridos de meninas e patos, de moleques pescando no riacho para fazer REDAÇÃO. Dos decalques que eram cuidadosamente colados na primeira página ou nas lições que pediam uma ilustração. Dos colegas cúmplices e inimigos nas brincadeiras do recreio...

A surpresa, o encanto e as dificuldades iniciais são marcantes e perduram. Durante todo o primeiro ano escolar se sucedem as descobertas; as marcas e símbolos espalhados pelo mundo viram letras, palavras, números que a cada dia ganham sentido. Esses sentidos se multiplicam gerando novas perguntas e inquietações. É um processo sem retorno. Uma vez de posse dele, não se pode mais voltar ao que se era, ao que se compreendia, ao que se temia.

A 1a. série não é vista como especial apenas pelas crianças. Para as professoras, a 1a. série é também um desafio particular, o que vem explicar, em certo sentido, a recusa de muitos professores experientes em assumi-la, ficando para os que se iniciam na profissão a responsabilidade por um momento escolar de maior importância. Da mesma forma, pesquisadores e técnicos de órgãos diretores da educação pública lhe atribuem uma atenção especial por entenderem a 1a. série como uma fase marcante no processo escolar da criança.

A importância desse período de entrada na escola formal aliada à minha experiência com o trabalho de formação de professores deram o rumo inicial para a dissertação de mestrado da qual

INTRODUÇÃO

esse livro se origina[1] e da qual procurei extrair algumas questões na tentativa de propor uma reflexão sobre a entrada da criança na 1a. série. Para a realização dessa pesquisa foram entrevistadas, em 1991, doze crianças (de 7 a 10 anos) e suas professoras, de duas classes de 1a. série de uma escola pública municipal situada em um bairro periférico de São Paulo. O estudo teve por objetivo analisar a relação das crianças com a escola, com o saber, com as professoras, procurando aprofundar a interação dos aspectos afetivos e cognitivos na aprendizagem e, especialmente, o sentido de aprender.

Por essa razão escolhi o significado da aprendizagem como eixo do trabalho, partindo de algumas premissas que a experiência pessoal me mostrava: para formar professores é preciso conhecer também seu objeto de ação – os alunos – o que pensam, como recebem os ensinamentos de suas professoras, que sentido tem a escola para eles. O que acontece então na relação entre professores e alunos de 1a. série? Que sabor tem esse recheio? Do que ele é feito?

A insuficiência de trabalhos relativos à função da interação dos aspectos cognitivos e emocionais na aprendizagem foi um outro ponto que justificou o interesse em pesquisar de forma mais profunda crianças e professores de 1a. série.

Para compreender essas questões, procurei partir de um conceito de aprendizagem que considerasse o sujeito-aprendiz em sua totalidade, isto é, os aspectos biológicos, psíquicos (emoção e cognição) e sociais presentes no momento e no espaço de aprendizagem. Na tentativa de aprofundar esse ponto de vista, escolhi dois eixos teóricos para dar conta do estudo dos dados coletados. De um lado, os teóricos interacionistas – Piaget, Vygotsky e Wallon – que consideram o sujeito da aprendizagem inserido no mundo e estudam as relações entre desenvolvimento e aprendizagem. De outro, a Psicanálise veio me auxiliar no sentido de ampliar o entendimento sobre a dinâmica psíquica e as relações do aprendiz com aquele que ensina.

Desde a coleta de dados no início do trabalho até o final, muitas questões surgiram, alterando rumos e suposições, confirmando hi-

---

[1] *Aprender: verbo transitivo - a parceria professor-aluno na sala de aula* - Dissertação de Mestrado, Faculdade de Educação da Universidade de São Paulo, 1994, sob orientação da Profa. Dra. Mary Julia Martins Dietzsch.

13

póteses. O trabalho do pesquisador deve levar em conta a angústia de se perder frente às diversas possibilidades de leitura e entendimento dos fatos, para poder se achar mais adiante; a honestidade de reconsiderar falsos pressupostos e de saber que a interpretação dos dados é apenas um dos possíveis sentidos que o pesquisador atribui à realidade; a humildade em reconhecer que uma idéia é apenas uma idéia entre muitas (mas as idéias já fizeram revolução); o confronto com o limite de não se poder abarcar tudo o que se imaginava e que, em certo momento, é preciso terminar; e, sobretudo, muito bom humor para conseguir dar conta das circunvoluções do processo.

Encontrei algumas dificuldades no desenvolvimento do trabalho que se colocaram como obstáculos, contornados ou apenas constatados. Se, por um lado, a opção por diferentes pressupostos teóricos como suporte de análise pôde ampliar a visão do objeto, por outro, não permitiu que uma certa linearidade se instalasse na discussão dos dados. Em alguns momentos, minha leitura pode ter sido reducionista pela impossibilidade de aprofundamento dos conceitos de diversos autores, sendo que considero arriscado traduzi-los de uma teoria à outra. Em outros momentos, as diferenças se presentificaram e não entraram em acordo.

Todavia, a opção de estudar o interacionismo e a Psicanálise teve o objetivo de alargar e não de estreitar, de buscar determinadas afinidades sem encobrir as diferenças, porque nenhum eixo teórico por si mesmo parecia dar conta de estudar os dados da forma como concebi. Além disso, o fato de quase todos esses autores – Piaget, Vygotsky, Wallon e Freud – terem estudado uns aos outros, se confrontado ou se identificado, permitiu-me a "continuação" de um diálogo por eles iniciado.

Metodologicamente, alguns problemas se apresentaram. Nem sempre foi possível obter respostas das crianças a todas as questões propostas, pois algumas entrevistas eram particularmente mais difíceis que outras, mas, no conjunto, isso não comprometeu o trabalho. Como os objetivos vão mudando à medida que se avança, as entrevistas de alunos e professoras não foram elaboradas de forma que pudessem ser relacionadas de maneira direta. Assim, quando procuro comparar as posições de alunos e professores, levanto alguns pontos comuns, mas em algumas ocasiões uma exploração mais satisfatória nem sempre foi possível. Por outro lado, o material recolhido é vasto, rico, e os limites dessa opção de trabalho não esgotaram as leituras possíveis.

INTRODUÇÃO

Conhecer, verbo transitivo
Consideraremos então que esses alunos e professores em interação possuem uma história de aprendizagem que começou no nascimento. Os pais, ou seus substitutos, são as figuras que iniciam o ensinamento. Os primeiros vínculos ligados à alimentação são estabelecidos com a mãe. Da experiência emocional-corporal da alimentação partirá a matriz na qual se inscreverão todas as outras vivências daquilo que posteriormente será introjetado, digerido, transformado em um novo produto, em uma rede que será tecida no tempo, a partir do contexto sócio-cultural do indivíduo.

Todas as formas de interação aprendiz-ensinante por que passará o indivíduo formarão uma história que será constituinte de sua " relação com o saber". Essa história se presentifica na relação escolar, na qual temos um aluno e um professor que trocam infinitos saberes – saber de si, saber do Outro, conhecimentos, saberfazer... Esses sujeitos que possuem histórias que se interseccionam criam um novo elemento que é a própria relação continuamente resignificada. Esse professor e esse aluno, nesse contexto escolar, vão construir, através de um espaço emocional-cognitivo, tanto suas idéias sobre ensino-aprendizagem quanto sua própria aprendizagem. Para aprender, é preciso haver desejo de conhecer esse Outro - sem desejo não há aprendizado. Para aprender é preciso querer conhecer os segredos, des-cobrir o que está camuflado e que é o que não sei.

> *"O conhecimento é conhecimento do outro, porque o outro o possui, mas também porque é preciso conhecer o outro, quer dizer, pô-lo no lugar do professor (que podem ser os pais ou outras instâncias que vão ensinar) e conhecê-lo como tal. Não aprendemos de qualquer um, aprendemos daquele a quem outorgamos confiança e direito de ensinar"* (Fernandez, 1990, p.52).

Ao se "tomar" o conhecimento constata-se a própria ignorância, porque percebe-se a falta. Surgem novas questões que permitirão nova busca de saber, e, desta forma, o desejo e a inteligência se confrontam, interagem, se diferenciam e se articulam.

Caminhando pela origem da palavra **conhecer**, que vem a ser a ação dessa interação com o mundo, descobrimos que esta se origina do latim **cognoscere**, que, por sua vez, era uma variante de **nas-**

cere, isto é, conhecer é co-nascer, nascer com. Remetendo a palavra à sua origem, ela parece se alimentar da fonte e retornar carregada de seu sentido primeiro; conhecer é uma parceria, tão íntima e indissolúvel entre o sujeito e o objeto de conhecimento que ambos se originam simultaneamente. O sujeito nasce para o conhecimento que aprende e o conhecimento só existe enquanto tal se o sujeito o significa; portanto, o conhecimento vem ao mundo **com** o sujeito. Se conhecer implica parceria com algum objeto, o mesmo ocorre com o aprender, que é ter conhecimento. O verbo aprender carece de complemento para que tenha significado, de um objeto direto e/ou de um objeto indireto, embora possa ser também intransitivo, em língua portuguesa. Então, aprende-se algo - o conhecimento - com alguém - o outro. Dessa forma, a parceria na escola, que é a instituição do conhecimento, é condição e pressuposto do aprendizado.

Foi percorrendo a transitividade do verbo aprender que se tornou possível o encaminhamento deste livro. O verbo aprender tem, portanto, um sentido diferente daquele que Mário de Andrade atribui ao verbo amar em sua obra. Através dos conceitos de ensino-aprendizagem de crianças e professores obtidos nas entrevistas realizadas, a palavra recheou-se de sentido, sentido essencial e único de quem executa e vive o ensinar e o aprender. É de professores e alunos a voz e a vez da palavra conhecer.

II. PRESSUPOSTOS TEÓRICOS

1. Concepção interacionista de aprendizagem

aprender – do latim *apprehendere* 'apanhar'/ [de apreender, por síncope] *V.t.d.* – 1. tomar conhecimento de 2. reter na memória, mediante o estudo, a observação ou a experiência *T.i.* 3. Tornar-se apto ou capaz de alguma coisa, em conseqüência de estudo, observação, experiência, advertência, etc. 4. Aprender (3) *Int.* 5. Tomar conhecimento de algo, retê-lo na memória, em conseqüência de estudo, observação, experiência, advertência, etc.

Essa definição de aprender, segundo o dicionário de língua portuguesa, Aurélio Buarque de Holanda, remete-nos à idéia de incorporação de uma experiência. Apreender, apanhar, reter, lembramnos ações quase físicas, realizadas a partir daquilo que o mundo nos apresenta, como se tomássemos o conhecimento com as mãos e o pudéssemos beber. Em português, o verbo aprender pode ser transitivo direto, indireto ou intransitivo, sugerindo que essa ação pode ou não buscar um complemento, mas que, de qualquer forma, exige o movimento do sujeito para o mundo, no mundo e com o mundo. Dessa forma, para discutir a questão do ensino/ aprendizagem como a verbalizam crianças e professoras, partirei do eixo teórico interacionista que, como o próprio nome indica, associa-se ao aprender no mundo.

Nesse capítulo, retomarei as concepções dos maiores expoentes da perspectiva interacionista, ainda que seus conceitos possam ser bastante conhecidos. Serão focados especialmente os conceitos de desenvolvimento e aprendizagem e o papel da afetividade para cada um dos autores abordados, o que norteará a posterior análise das falas de alunos e professores. A Psicanálise será o outro eixo teórico que embasará essa análise, uma vez que ela permite aprofundar alguns conceitos fundamentais, especialmente a relação entre aspectos conscientes e inconscientes da psique, importantes para a compreensão da interação em sala de aula.

Jean Piaget

Para Jean Piaget (1896 -1980), epistemólogo suíço, o foco de análise não é a aprendizagem em si mas, antes, o processo de desenvolvimento do pensamento. Sua grande contribuição é, sem dúvida, o estudo do conhecimento partindo da observação de crianças normais. A questão da aprendizagem está profundamente vinculada à do conhecimento, uma vez que o indivíduo aprende através dos contatos com o meio, na busca de uma adaptação cada vez mais aprimorada à realidade.

> *O pensamento é um sistema de ação interiorizada e condutor de ações particulares que chamaremos de operações, ações reversíveis e ações que se coordenam umas às outras em sistemas de conjunto* (Piaget, 1972, p.158).

As operações são primeiro executadas materialmente e depois interna e simbolicamente, e podem ser combinadas de todas as maneiras. Portanto, Piaget pressupõe que o pensamento é ação no mundo, realização e transformação. O conceito de meio é utilizado de forma genérica e nele se dão as relações com os objetos físicos e com os indivíduos.

O desenvolvimento individual resulta de uma intersecção de fatores psicobiológicos e sociais, como uma homeostase tomada no sentido de auto-regulação. As ações do sujeito são coordenadas internamente através de sistemas múltiplos de auto-regulação e equilibração que dependem tanto das circunstâncias do meio quanto das potencialidades epigenéticas.

> *O sistema de equilibração coloca-se como um elo de ligação entre o desenvolvimento e a aprendizagem, combinando os fatores de ação externa com os fatores de organização interna, inerentes à estrutura cognitiva* (Palangana, 1994, p.70).

Os fatores sociais são tomados tanto no sentido da interação social geral, comum às relações de todas as sociedades, quanto das transmissões ou formações culturais específicas de cada meio. No primeiro caso, significa que todas as interações, individuais ou coletivas, estão subordinadas às mesmas leis de coordenação e regulação, resultando nas mesmas estruturas finais de operação e cooperação. Ao mesmo tempo, cada sociedade transmite, através de sua cultura e educação, determinadas leis particulares. O social é então considerado de forma generalizante, comum a todos os indivíduos, e ao mesmo tempo particular, relevando as diferenças específicas do sujeito em cada sociedade. Dessa forma, a aprendizagem se dá através da experiência ativa no mundo e com o mundo. O sistema de equilibração é condição para a aprendizagem. A partir desse pressuposto, podemos afirmar que na vertente interacionista de Piaget, na qual se enfatizam o meio universal e globalizante e o sujeito epistêmico, o papel da aprendizagem está subordinado às estruturas de equilibração e, portanto, ao desenvolvimento.

A gênese do desenvolvimento da inteligência se caracteriza por sucessivas etapas que buscam o equilíbrio, em que as aquisições da criança são construídas sucessivamente através de reorganizações e diferenciações internas no contato com o mundo, que pode favorecer, acelerar ou impedir seu desenvolvimento. Os conflitos são, portanto, vistos como desequilibradores momentâneos na busca de um novo equilíbrio, mais estável e abrangente. Cada etapa é considerada parte integrante da que a seguirá, em um movimento de construção e acumulação constantes.

Os estágios de desenvolvimento intelectual se dividem em três grandes períodos – *inteligência sensório-motora* (do nascimento até a aquisição da linguagem, aproximadamente aos 2 anos), *período da preparação e organização das operações concretas* (isto é, operações com objetos manipulados ou imaginados, e que se estende até 11-12 anos) e *período das operações formais* (hipóteses ou enunciados verbais, que vai até 13-14 anos). Cada um deles possui ainda sub-períodos específicos que compõem um todo a cada etapa.

Resta ainda mencionar que Piaget dedicou algumas de suas obras à discussão de questões educacionais, por exemplo, sobre métodos e programas pedagógicos e a formação do professor. Esse autor defende a "escola ativa", que valoriza a cooperação e o respeito mútuo como formas fundamentais do trabalho escolar, em oposição às pedagogias muito diretivas, centradas no papel do professor.

O papel da afetividade na teoria piagetiana

Os escritos dedicados à função da afetividade no desenvolvimento infantil não são muitos na obra de Piaget. Ressaltamos uma análise do *"Inconsciente afetivo e inconsciente cognitivo"* (em Piaget, 1972) em que faz uma relação entre sua teoria e a Psicanálise, e um artigo de 1962 no qual discute, com bastante clareza, a questão da relação entre afetividade e cognição. Além dessas publicações, é possível pressupor outras relações entre afetividade e cognição a partir de seus estudos sobre o julgamento moral na criança.

No início do artigo acima mencionado, Piaget afirma:

> *É incontestável que o afeto exerce um papel essencial no funcionamento da inteligência. Sem afeto, não haveria interesse, necessidade, motivação, e, conseqüentemente, não haveria inteligência. A afetividade é condição necessária na constituição da inteligência, mas, em minha opinião, não é suficiente.*

Na seqüência do artigo, Piaget ressalta como a afetividade pode interferir na estrutura cognitiva provocando aceleração, adiamentos ou retardos em sua formação, assim como considera que não existe um comportamento ou estado puramente cognitivo ou afetivo. Nesse sentido, o afeto não pode ser causa das estruturas cognitivas nem o contrário, pois entre eles existe uma relação de correspondência. Todavia, a estrutura dos comportamentos é cognitiva e a força (economia) é afetiva.

Retomando o conceito de Piaget acerca da necessidade, podemos observar que as necessidades caminham par e passo com a estrutura cognitiva, e quanto mais a aprendizagem se distancia da necessidade, mais será preciso lançar mão da motivação do meio para que a criança aprenda. Isso significa que, se a criança sente necessidade ou interesse por algo, será porque possui estruturas que podem responder ao aprendizado envolvido; e, também, a aprendizagem passa a ser necessária porque é um meio através do qual a necessidade pode ser satisfeita. Ou seja: o interesse, carregado de afeto, é mobilizador tanto quanto o desinteresse é desmotivador.

Uma outra forma de compreendermos essa relação é através da noção de moral na criança. Durante o período pré-operacional, no que se refere ao desenvolvimento cognitivo, existe o aparecimento da função simbólica e da representação, que possuem características emocionais correspondentes; por exemplo, a simpatia ou a antipatia estão relacionadas a valores que se originam do julgamento entre as pessoas e são sentimentos que permanecem na ausência de quem os causa. A permanência do sentimento é característica da permanência do esquema de reação às pessoas e, sempre que for evocado, reorganizará os sentimentos semelhantes através do funcionamento de esquemas já estabelecidos.

Os julgamentos morais são uma parte da vida afetiva na qual se pode encontrar equivalência das estruturas operacionais, *"sentimentos morais parecem pertencer essencialmente à conservação de valores através de um processo análogo onde a estrutura lógica pertence ao campo cognitivo. Mas transpondo em termos da afetividade, este processo significa obrigação, obrigação moral, equivalente à estrutura lógica, que impõe valores ao invés de impor relações de constatação, como acontece no campo cognitivo"* (Piaget, 1962, p.10).

No entanto, nessa fase ainda não há conservação, que virá na etapa seguinte; por essa razão, uma regra ou um valor são circunstanciais e momentâneos, pois a generalização só é possível no período operatório. O **período operatório** se caracteriza, então, por uma moral recíproca e autônoma, válida e mantida para todos os parceiros de um mesmo grupo através do desejo, da vontade, que são os correspondentes emocionais da operação.

Portanto, existem dois momentos no desenvolvimento moral: o primeiro ligado à heteronomia, no qual a noção do dever é explicitada e é condição para que o bem ocorra; e um segundo, no qual a autonomia substitui a heteronomia, e a criança pode realizar acordos conforme os interesses e regras em jogo. A fase heterônoma do juízo moral está relacionada à coação, uma vez que o dever é sagrado e explicitado através das figuras de autoridade para a criança, que age por medo ou por afeto. É pela coação que a criança vai introjetar o dever e, nesse sentido, essa é uma relação assimétrica e constituída, pois as regras são determinadas a priori. Na heteronomia, a criança repete um discurso que ainda não é consciente, podendo falar sobre o que se pode ou não fazer, mas nem sempre realizando o que fala. No que tange à justiça, existe uma confusão entre a lei e a autoridade que se dissipará conforme a criança cresce.

A fase da autonomia pressupõe uma relação de cooperação, portanto, uma simetria em que as regras podem ser discutidas. A cooperação é um método que irá permitir à criança generalizar as situações em que pode empregá-lo. Nesse caso, o bem determina o dever.

A moral do respeito mútuo, que é a do bem (em oposição ao dever) e da autonomia, conduz, no campo da justiça, ao desenvolvimento da igualdade, noção constitutiva da justiça distributiva e da reciprocidade (Piaget, 1969, p. 259).

A criança que já tem autonomia moral consegue, então, separar o dever da justiça, podendo realizar atos que considera injustos porque os sabe necessários. Afasta-se, portanto, de um nível emocional em que aceitava a regra porque não tinha escolha, já que estava submetida à autoridade do outro. O que leva a criança a agir de acordo com a regra, e não pelo temor ou pelo afeto, é a necessidade de viver em grupo, de aceitar suas leis. A criança estabelece, então, relações cooperativas, isto é, é capaz de operar com outros indivíduos para atingir determinado fim.

A cooperação é fundamental para o desenvolvimento e é um método porque prepara a criança para fazer acordos em qualquer situação. Mas, para o autor, a possibilidade de cooperação existe, prioritariamente, entre crianças, em uma relação constituinte, uma vez que a assimetria existente na relação com os adultos já estabelece uma relação de autoridade, e, por essa razão, coercitiva.

Em síntese, a evolução social da criança procede do egocentrismo à reciprocidade, da assimilação a um eu inconsciente de si mesmo à compreensão mútua constitutiva da personalidade, da indiferenciação caótica no grupo à diferenciação fundada sobre a organização disciplinada (Piaget, 1969-A, p. 238).

Lev Semenovich Vygotsky

A Psicologia soviética, cujo maior expoente é **Vygotsky** (1886-1934), discute a questão do desenvolvimento e da aprendizagem apoiando-se nas idéias do materialismo histórico. O período pós-revolução em que vivia foi marcante em seu trabalho, refletindo sua preocupação com a aprendizagem em uma União Soviética agrária e pouco escolarizada. Seus estudos foram realizados a partir de uma metodologia denominada "dupla estimulação" que considera a interferência do investigador e do ambiente natural na interação com o indivíduo no contexto da pesquisa.

Vygotsky preocupou-se mais com o processo do que com o desempenho do sujeito e, através de uma observação rigorosa, investigava como a criança se utilizava dos instrumentos mediadores disponíveis na sociedade ("auxiliares externos") para resolver as tarefas propostas. Essa metodologia permitiu que as pesquisas pudessem ser realizadas em situações lúdicas, na escola ou em ambiente clínico, que resultavam mais ricas que aquelas realizadas em laboratório.

Vygotsky estudou as funções psíquicas superiores compreendendo-as como processos cognitivos complexos (consciência e pensamento), desenvolvidos e mediados por instrumentos e signos socialmente elaborados ao longo da evolução histórica da sociedade humana. O desenvolvimento ocorre através das relações que a criança estabelece com a cultura, em sua ação no mundo real. Essa ação é mediada por signos ou "instrumentos psicológicos":

> Os instrumentos psicológicos são elaborações artificiais; são sociais por natureza e não são orgânicos ou individuais; são destinados ao controle dos processos do próprio comportamento ou do comportamento dos outros, assim como a técnica é destinada ao controle dos processos da natureza. Aqui estão alguns exemplos de instrumentos psicológicos: a linguagem, as diversas formas de contagem e de cálculo, os meios mnemotécnicos, os símbolos algébricos, as obras de arte, a escrita, os esquemas, os diagramas, os mapas, todos os signos possíveis (Vygotsky in Schneuwly & Bronckart, 1985, p. 39).

A utilização de um instrumento pode exemplificar essa colocação: um lápis não terá o mesmo sentido ou função que teria uma flecha para uma tribo indígena, se comparados à nossa cultura. Os instrumentos possuem uma carga cultural que, por sua natureza e papel, imprimem nas experiências uma marca específica. Por outro lado, os instrumentos são veículos de ação do indivíduo no ambiente social, modificam e determinam as operações do sujeito. Assim, num movimento dialético, a cultura humana cria e dá função ao instrumento e os instrumentos indicam por si mesmos suas possibilidades de utilização em cada cultura.

Vygotsky pressupõe uma relação de interdependência entre aprendizagem e desenvolvimento. Quando a criança entra na escola, naturalmente já aprendeu uma série de conceitos e informações originadas de suas experiências pessoais, mas a escola lhe possibilitará um aprendizado sistemático e criará algo novo em termos de desenvolvimento. Vygotsky postula dois níveis de desenvolvimento. O **desenvolvimento real**, correspondente ao que a criança pode fazer sozinha, eqüivale a ciclos de funções mentais já completados. Todavia, em suas experiências, observava que quando as crianças tinham ajuda de alguém mais experiente eram mais eficientes na resolução de tarefas. Formulou então o conceito de **zona de desenvolvimento potencial**, correspondente às funções em processo de maturação que estão além do desenvolvimento real.

Esses conceitos propuseram uma nova ordem na relação entre desenvolvimento e aprendizagem, valorizando o papel da aprendizagem. Um ensino eficaz deve preceder o desenvolvimento, isto é, atuar nos processos em formação para que a criança consiga atingir resultados além de seu desenvolvimento real. Os trabalhos em grupo são assim imprescindíveis, embora nem todo tipo de interação resulte necessariamente em aprendizagem.

> *Aprendizado não é desenvolvimento; entretanto, o aprendizado adequadamente organizado resulta em desenvolvimento mental e põe em movimento vários processos de desenvolvimento que, de outra forma, seriam impossíveis de acontecer. Assim, o aprendizado é um aspecto necessário e universal do processo de desenvolvimento das funções psicológicas culturalmente organizadas e especificamente humanas* (Vygotsky, 1989, p.101).

A aprendizagem cria a zona de desenvolvimento potencial porque aciona processos internos de desenvolvimento quando a criança interage com um parceiro mais experiente. As atividades são internalizadas ou reconstruídas internamente fazendo com que a criança possa, depois de realizar uma tarefa com outro, executá-la posteriormente sozinha em outras situações. É por essa razão que Vygotsky afirmou que todas as funções no desenvolvimento da criança aparecem primeiro interpsicologicamente e, depois, intrapsicologicamente. O desenvolvimento psíquico e o pensamento conceitual se originam nas atividades exteriores realizadas em interação com o outro e só se completam quando o sujeito é capaz de utilizar, de forma autônoma, suas competências e conceitos integrados em significações simbólicas, em situações outras das interações que lhes deram origem.

Outro aspecto importante a ser salientado na obra desse autor é a ênfase dada à linguagem, uma vez que ela é uma das formas mais elaboradas de simbolização e a principal via de interação social. Em sua obra "Pensamento e Linguagem", Vygotsky desenvolve com profundidade o tema da relação entre pensamento e fala, e pensamento e palavra, sobre a qual farei uma breve síntese.

A palavra e o pensamento estão intimamente ligados através do significado da palavra. O significado da palavra é uma generalização ou um conceito, portanto, é um fenômeno do pensamento. Mas o significado também é um "critério da palavra" e, dessa forma, pertence tanto à palavra como ao pensamento. O pensamento se corporifica através da fala exterior, e as estruturas da fala, quando dominadas pela criança, tornam-se estruturas de seu pensamento. Existe um processo complexo e dinâmico no desenvolvimento da fala, que se interioriza e se torna racional, e no desenvolvimento do pensamento, que se condensa e se torna verbal.

Nem todo pensamento é verbal, nem toda atividade verbal é derivada do pensamento, mas *"o desenvolvimento do pensamento é determinado pela linguagem, isto é, pelos instrumentos lingüísticos do pensamento e pela experiência sócio-cultural da criança. (...) O crescimento intelectual da criança depende de seu domínio dos meios sociais do pensamento, isto é, da linguagem"* (Vygotsky, 1989, p.44). A internalização de conhecimentos se dá, sobretudo, através da linguagem que organiza, classifica e sistematiza as experiências do indivíduo.

Para aprender o significado das coisas, a criança elabora, a partir de suas próprias experiências, conceitos espontâneos que, paulatinamente, vão sendo generalizados de forma cada vez mais aperfeiçoada, o que pressupõe o desenvolvimento de diversas funções intelectuais (memória, atenção, percepção, compreensão, etc.). Esse processo interage, através de mútuas influências, com o desenvolvimento dos conceitos científicos, aqueles que a criança elabora por meio de um aprendizado formal.

O aprendizado é uma das principais fontes de conceitos da criança em idade escolar, e é também uma poderosa força que direciona o seu desenvolvimento, determinando o destino de todo o seu desenvolvimento mental (ibid., p.74).

O desenvolvimento desse processo leva à ordenação e à hierarquização dos conceitos científicos em sistemas que, por sua vez, transformam e reorganizam os conceitos espontâneos. Dessa forma, Vygotsky reitera a importância do aprendizado formal escolar:

> *Os anos escolares são, no todo, o período ótimo para o aprendizado de operações que exigem consciência e controle deliberado; o aprendizado dessas operações favorece enormemente o desenvolvimento das funções psicológicas superiores enquanto ainda estão em fase de amadurecimento. Isso se aplica também ao desenvolvimento dos conceitos científicos que o aprendizado escolar apresenta à criança (ibid., p.90).*

O processo de formação de conceitos é o meio pelo qual a criança passa a ter uma nova percepção de si mesma, desenvolvendo uma atividade interna auto-reflexiva de forma que passa a perceber seus próprios processos psíquicos.

Embora Vygotsky tenha estudado o desenvolvimento infantil e se interessado por seu processo evolutivo, não elaborou uma teoria de periodização como o fez Piaget, mas lançou as sementes para seus sucessores e colaboradores. A partir dessas linhas mestras, a teoria de desenvolvimento da psique proposta por Leontiev e Elkonin concebe que, inicialmente, as respostas que o ser humano dá ao mundo são dominadas por processos naturais advindos, em especial, de sua herança biológica (consideram também a importância do desenvolvimento de funções fisiológicas) mas, durante seu desenvolvimento, a criança alterará constantemente o lugar que ocupa no sistema de relações sociais. A cada demanda social, uma organização psíquica se estabelece, relacionada às atividades que a criança executa. A análise do conteúdo e das motivações das **atividades** realizadas pela criança é o tema central da periodização proposta por esses autores (que será discutida mais adiante), uma vez que o desenvolvimento é determinado pelas relações concretas e reais da criança no mundo. As etapas de desenvolvimento propostas se baseiam em períodos de crise, quando há mudança qualitativa no desenvolvimento, alternam-se com fases estáveis em um processo dialético e, naturalmente, variam segundo o momento histórico e o meio específico em que se desenvolvem. A relação da criança com os objetos, com as pessoas, a interpretação dos fatos vão possibilitar transformações na estrutura de sua consciência.

O papel da afetividade na teoria vygotskiana

Para Vygotsky, a consciência é uma unidade funcional, indissolúvel, compreendendo o intelecto e a afetividade. Trata-se de uma organização subjetiva do comportamento imposta aos indivíduos pela participação nas práticas sócio-culturais. Assim, esse autor defendia o estudo da atividade psicológica como um todo, combatendo o dualismo corpo e alma, e a fragmentação da Psicologia.

Na tradução francesa de "Pensamento e Linguagem", encontramos um alerta de Vygotsky em relação ao problema da cisão do psiquismo:

> *Aquele que, desde o princípio, separou pensamento e afeto renunciou definitivamente à possibilidade de explicar as causas do próprio pensamento, pois uma análise determinista do pensamento supõe necessariamente a descoberta dos seus motivos, assim como das necessidades e dos interesses, dos impulsos e das tendências que dirigem seu movimento para este ou aquele sentido. Da mesma forma, aquele que separou pensamento e afeto tornou, a princípio, impossível o estudo da influência que o pensamento exerce, por sua vez, sobre o caráter afetivo e volitivo da vida psíquica. De fato, a análise determinista da vida psíquica tanto exclui que se atribua ao pensamento uma força mágica capaz de definir o comportamento do homem exclusivamente através do seu próprio sistema, quanto a transformação do pensamento em um inútil apêndice do comportamento, em sua sombra impotente e vã* (1985, p.42).

Encontramos, nessa passagem, a preocupação de Vygotsky em relacionar aspectos cognitivos e afetivos, o que ocorre também em outros textos, alguns não traduzidos do russo. Wertsch nos lembra que, mesmo que Vygotsky tenha feito várias declarações como a mencionada acima, não se dedicou em suas investigações empíricas ao estudo da afetividade na consciência, o que faria Bozhovich, um de seus alunos, no final da vida. Embora sua morte tenha interrompido tais pesquisas, vários de seus discípulos ou colegas refletiram sobre o tema, especialmente Leontiev. Como a consciência se forma e evolui no e pelo social, em um movimento dialético, a atividade e a subjetividade fazem parte dessa dinâmica em um interjogo de unidade e oposição. A atividade tem um papel central na psicologia soviética, uma vez que a formação e o desenvolvimento dos processos psíquicos nascem da interação no mundo. Os motivos e necessidades internas e os objetivos dão sentido para essa ação.

Sobre a origem da atividade, Jean-Yves Rochex explicita:

> Sua origem, as 'leis' de seu desenvolvimento se situam nessa 'esfera motivante' que Vygotsky chamava de 'plano escondido' da consciência. Leontiev reencontra, aqui, um aspecto do trabalho de Vygotsky pouco desenvolvido nos textos que nos chegaram, mas cuja importância nos parece mal conhecida ou negligenciada por um bom número de leituras extremamente 'cognitivistas' que deles se fez (1992, p.78).

O autor afirma ainda que a redescoberta dos textos de Vygotsky é contemporânea a evoluções importantes da psicologia cognitiva, o que permitiu uma evolução preciosa na compreensão dos processos de aprendizagem. Todavia, essas leituras que privilegiam a vertente cognitiva negligenciam as advertências feitas pelo próprio Vygotsky sobre a tentação de transformar o pensamento em um apêndice do comportamento:

> Essa centralização sobre o cognitivo não corre o risco de tentar explicar o desenvolvimento cognitivo somente a partir de si mesmo, sem considerar as relações que mantém com os processos subjetivos que levam o sujeito que aprende a dar sentido e valor aos objetos de conhecimento que lhe são propostos? Não corre o risco de dissolver o caráter dialético da atividade do sujeito em proveito exclusivo da cognição? (idem, p.79)

Vygotsky postula um método de análise em unidades explicando que uma unidade é um produto de análise indivisível e conserva as propriedades do todo. Esse método permite evitar as separações entre objetos de estudo, em oposição aos métodos que analisam os elementos componentes dos processos psicológicos, isto é, das partes para o todo. A análise em unidades revela a existência de um sistema dinâmico de significados no qual o afetivo e o cognitivo se fundem. A ênfase dada à significação como uma unidade de análise, tanto da atividade (o **sentido** da ação do homem) quanto do pensamento (os **significados** e **sentidos** das palavras), reitera a necessidade de uma leitura mais totalizadora, porque objetiva e subjetiva, e mais coerente com a proposta dialética dos autores soviéticos.

No desenvolvimento do conceito de discurso interior, Vygotsky afirma que *"as palavras e os sentidos são relativamente independentes entre si"* (1989, p.126). Se no discurso interior há predomínio do sentido sobre o significado, o que dá sentido às palavras é o contexto, a somatória de sentidos que ela guarda, inclusive, todos os sentidos afetivos. O significado é somente uma das zonas do sentido, estável e invariável que se potencializa durante o discurso oral, precisando do contexto para se particularizar. Se construímos os sentidos da palavra através das experiências no mundo, esses sentidos estão carregados do afeto que as palavras contêm para cada indivíduo e do contexto que este indivíduo vive.

A função do discurso interior é apoiar os processos psicológicos mais complexos: processos de pensamento, de auto-regulação, de planejamento da ação, de monitoração do próprio funcionamento afetivo-volitivo. Nesses processos interagem, no plano interno da consciência, as várias dimensões do funcionamento psicológico (Kohl et al., 1992, p.82).

Aprender pressupõe a apropriação dos sentidos dos conceitos ou instrumentos através de atividades práticas ou não, em um mundo em constante transformação.

Henri Wallon

Dentre os interacionistas, **Henri Wallon** (1879-1962) possui uma obra vasta sobre a psicologia da infância que permite a compreensão do indivíduo em seus múltiplos aspectos – afetivos, cognitivos, sociais e biológicos. Sua formação de neurologista permitiu-lhe estudar casos clínicos de forma a poder estabelecer relações recíprocas e complementares entre as condições orgânicas e sociais.

Wallon formulou uma psicologia interdisciplinar de metodologia genética e comparativa, analisando o homem através da gênese de suas estruturas psíquicas e do seu desenvolvimento ao longo da vida, detendo-se especialmente na infância, no meio em que o sujeito se forma. No estudo desse processo, o autor utiliza ainda a comparação e a diferenciação da psicologia da criança em relação a outros tipos de desenvolvimento: a psicopatologia da criança e do adulto, a psicologia animal, a antropologia.

A teoria de Wallon tem como referencial epistemológico o materialismo dialético. Em sua concepção do desenvolvimento psíquico, compreende os estágios enquanto um processo dialético, de transformação qualitativa, com continuidades e descontinuidades. Na construção progressiva da pessoa, as funções afetivas e cognitivas se integram em meio a um processo de contradição e conflito. A afetividade é vinculada às sensibilidades internas, ligada aos processos corporais e orientada para o mundo social (construção do sujeito). A inteligência se relaciona às sensibilidades externas e se orienta para o mundo físico (construção do objeto). O sujeito é eminentemente social, concreto e histórico, sendo que seu psiquismo responde às tarefas da sociedade em que vive.

O surgimento da linguagem, por exemplo, ocorre devido a uma maturação dos centros cerebrais que permite seu desenvolvimento, variável segundo cada indivíduo. Todavia, a linguagem só é possível a partir da existência de uma sociedade e de atividades coletivas, de relações e respostas emocionais a esse meio, de conexões intelectuais que interagem com as demais instâncias. Nesse sentido, a afetividade está na origem dos processos psíquicos superiores.

Os estágios de desenvolvimento da pessoa se caracterizam por relações de alternância e conflito, reciprocidade e equilíbrio, e cada uma das fases constitui um conjunto de comportamentos com primazia de aspectos, ora intelectuais, ora afetivos. Os conflitos são propulsores do desenvolvimento tendo um caráter simultâneo de ruptura e equilíbrio. Dessa forma, as funções integradas em cada estágio possuem uma relação de filiação e de oposição. Em cada uma dessas etapas existe uma coerência interna relacionada com o desenvolvimento evolutivo do indivíduo.

PRESSUPOSTOS TEÓRICOS

"A adaptação dos meios às necessidades em cada período é dominada pela adaptação gradual de cada período ao subsequente e pela adaptação de todos ao devir do indivíduo que, por sua vez, também se integra em sistemas cada vez mais vastos" (Wallon, 1995, p.277). Portanto, a cada momento existe uma superação de funções mas nada é eliminado, elas retornam posteriormente com outros significados.

Como a sociedade é essencial à existência humana, os diversos meios nos quais o sujeito se insere imprimirão sua marca na personalidade e construirão sua identidade. A família, a escola e o trabalho são meios funcionais, possuem interesses, obrigações e hábitos que lhes confere unidade. A família é um grupo necessário e natural que garante as necessidades básicas do indivíduo, na qual cada elemento desempenha papéis essenciais, definidos pelo conjunto. É na família que aprendemos as primeiras condutas sociais, mas ela não é o modelo de todas as outras relações que o sujeito poderá encontrar; no entanto, a família precede todas as outras escolhas e tem efeitos marcantes na vida de cada um.

Participamos ainda de uma variedade de meios que são razão de identificação e de conflito. A escola, por exemplo, é um outro meio funcional particularmente favorecedor tanto da ampliação de relações afetivas, pelas trocas de papéis que possibilita, quanto da elaboração do conhecimento. A escola permite que a criança encontre novos tipos de relacionamento, distinguindo diferentes tipos de relação, classificando-os em diferentes categorias, de maneira que ela participa simultaneamente de grupos heterogêneos e se situa em cada um deles de forma diversa daquela que desempenha em sua família, como bem explicitou a aluna Gislene na introdução deste livro. Na escola, a formação individual e a adaptação social coexistem, e, através dela, as operações intelectuais serão desenvolvidas pelas disciplinas escolares.

Por esses motivos, a escola tem papel preponderante para Wallon. Encontramos, em diversos pontos de sua obra, várias referências à escola, recomendações aos professores, o que demonstra sua preocupação com o ensino e a aprendizagem, que estão, portanto, intimamente relacionados ao desenvolvimento. Nesse sentido, a aprendizagem de conteúdos também é importante, uma vez que estimula o desenvolvimento de capacidades mentais, amplia conhecimentos.

À medida que o tempo passa, a educação volta-se para o futuro dos alunos: é a alegria do amanhã que deve ser seu grande estímulo. Ela tende a ampliar continuamente o horizonte dos alunos, favorecendo sua entrada em círculos sociais cada vez mais amplos, e fazê-los atingir o nível mais elevado que torna sucessivamente possível cada etapa de seu desenvolvimento. Assim se unem os dois pólos entre os quais ela oscilava continuamente, a cultura do sujeito e a sua integração a uma coletividade, enfim capaz de assegurar-lhe seu pleno desenvolvimento (Wallon, 1959, p.333).

O papel da afetividade na teoria walloniana

Na **perspectiva walloniana**, a dimensão afetiva é completamente integrada aos demais aspectos do indivíduo, sendo-lhe, portanto, indissociável. Ela é fundamental para a construção do conhecimento e do indivíduo. O ser humano é desde o nascimento um ser social, sendo que o primeiro instrumento utilizado pela criança para agir sobre o meio é a afetividade, a qual permite o relacionamento com o adulto de quem vai depender por um longo tempo, como nenhum outro filhote do reino animal. Por essa razão, o bebê é totalmente orientado para o social.

A caracterização que (Wallon) apresenta da atividade emocional é simultaneamente social e biológica em sua natureza; realiza a transição entre o estado orgânico do ser e a sua etapa cognitiva, racional, que só pode ser atingida através da mediação cultural, isto é, social (Dantas et al., 1992, p.85).

A emoção[2] precede as condutas cognitivas e está intimamente ligada aos processos orgânicos – o tônus muscular, o desenvolvimento dos centros nervosos, a atividade endócrina – não podendo ser dissociada dos processos emocionais. Existe ação recíproca entre o desenvolvimento biológico e o psíquico, e uma relação de conflito e reciprocidade entre afetividade e cognição.

Em seu desenvolvimento, o bebê passa de uma simbiose afetiva para uma diferenciação cada vez maior. Seu meio social se alarga rapidamente e lhe possibilita vários tipos de relações com os ou-

---

[2] Emoção para Wallon significa a exteriorização da afetividade.

tros. No terceiro ano de vida tem início um período, que deverá durar até aproximadamente o quinto ano, no qual a constelação familiar possibilita à criança delimitar sua personalidade, pois são os primeiros confrontos com o outro que irão permitir que ela questione seu próprio eu.

As relações sociais fora da família também começam a ser mais comuns, especialmente a freqüência à pré-escola, que levará a criança a conviver com outros que não seus familiares. Dessa forma, a escola ajudará a preparar gradativamente sua emancipação. Posteriomente, novos grupos vão possibilitar confrontos e identificações, novas aquisições vão lhe propiciar maior autonomia e consciência de si. Nesse jogo de alternâncias e contrários em que o sujeito vai se confrontando através das interações sociais é que se constitui o eu. A afetividade é portanto estruturante do psiquismo e associada ao Outro.

O psiquismo em Wallon comporta ainda aspectos conscientes e inconscientes. Freud foi seu grande interlocutor e encontramos diversas referências à Psicanálise em sua obra. Algumas vezes, porém, essas referências são oposições ao pensamento psicanalítico. Em um de seus trabalhos, Wallon escreve: *"o homem psíquico se realiza entre dois inconscientes, o inconsciente biológico e o inconsciente social. Ele os integra diversamente entre si"* (Jalley in Wallon, 1982, p.27). Esse comentário é tomado como uma crítica ao inconsciente eminentemente psíquico caracterizado em Freud, um dos aspectos discordantes entre os dois autores, já que Wallon dá grande importância aos aspectos físicos e sociais do desenvolvimento.

2. Psicanálise e educação

Os pontos de convergência e divergência entre a Psicanálise e a Educação foram salientados por Freud ao longo de seu trabalho. Apesar da educação ter sido sua preocupação, uma vez que a infância foi tema de seus estudos, especialmente no que tange às descobertas da sexualidade infantil, Freud não escreveu nenhum tratado sobre o tema. Contudo, suas reflexões foram importantes e influenciaram uma série de educadores, geraram discussões profundas, ficando a cargo de vários de seus discípulos, como Anna Freud e Melanie Klein, a continuidade desses estudos. É importante salientar, ainda, que Freud escreveu grande parte de seus trabalhos na virada do século XX e em suas primeiras décadas, e que seu pensamento na época era bastante inovador, tendo sido rechaçado pela comunidade científica durante alguns anos.

A abordagem de Freud a respeito da Educação vinha, a princípio, de sua apreensão com relação à possibilidade da profilaxia das neuroses, uma vez que responsabilizava a moral sexual civilizada, e não as vicissitudes da vida moderna, pela expansão das doenças nervosas. Freud pensava que as dificuldades sexuais de homens e mulheres de sua época acabavam por comprometer a função da reprodução, afetando a existência do grupo social da espécie. Além disso, essas dificuldades trariam prejuízos para o desenvolvimento do pensamento, que, segundo ele, depende da pulsão sexual, porque consomem as forças do indivíduo na repressão, desviando-as de sua utilização para fins culturais.

Essas questões são discutidas especialmente em seu texto "Moral sexual 'civilizada' e doença nervosa moderna". Freud acreditava que uma possível liberação nos costumes e um arrefecimento da moral poderiam ser favoráveis na luta contra as neuroses. Dessa forma, Freud recriminava incisivamente a educação de seu tempo, achando que a excessiva repressão sexual na infância e adolescência eram prejudiciais. Propunha que as crianças fossem esclarecidas sobre esse aspecto, e que a curiosidade sexual não deveria ser tão severamente reprimida.

Alguns anos mais tarde, admitiu ter superestimado o caráter preventivo das neuroses através da educação, pois mesmo que fossem dadas explicações às crianças, isto não impediria que conservassem suas próprias teorias; ou seja, Freud percebeu que os efeitos das pressões externas eram menores do que havia suposto. Contudo, continuou combatendo o excessivo rigor na educação sem, no entanto, propor uma permissividade que evitasse recalques e conflitos.

Essas concepções, aliadas à descoberta da sexualidade infantil, modificaram a visão da criança e, conseqüentemente, os rumos da educação. A educação pré-escolar foi valorizada, o excessivo rigor dos métodos pedagógicos foi revisto, a amamentação dos bebês tornou-se menos restrita, percebeu-se a nocividade da coerção da higiene, principalmente quanto ao controle dos esfíncteres. As atividades auto-eróticas (masturbação e sucção do polegar) deixaram de ser consideradas doenças e a reeducação de crianças e adolescentes com distúrbios de conduta ou psíquicos tomou novos rumos.

Encontramos também em Freud uma constante preocupação com as relações entre indivíduo e sociedade que, segundo ele, estão estreitamente vinculadas às questões da educação. Em "O mal-estar na civilização", o autor debate os confrontos entre os desejos individuais e as necessidades sociais:

> (...) é impossível desprezar o ponto até o qual a civilização é construída sobre uma renúncia ao instinto, o quanto ela pressupõe exatamente a não satisfação (pela opressão, repressão, ou algum outro meio?) de instintos poderosos. Essa 'frustração cultural' domina o grande campo dos relacionamentos sociais entre os seres humanos. Como já sabemos, é a causa da hostilidade contra a qual todas as civilizações têm que lutar (Freud, 1974-A, p.118).

A busca do prazer e da felicidade encontra, na sociedade, diversos impedimentos para sua realização; no entanto, para que o indivíduo pertença à comunidade humana é preciso que se adapte à sociedade, confrontando freqüentemente seus interesses e objetivos com os ditados pelas normas sociais, opondo-se ou se submetendo, em uma constante tentativa de reconciliação.

Essas colocações em relação ao conhecimento nos fazem pensar que a busca do saber encontra em seu caminho confrontos, tanto de ordem intra-psíquica quanto de ordem inter-psíquica, como por exemplo: a abdicação de interesses pessoais pelos coletivos, a aceitação de regras que demandam esforço, o avançar do pensamento, superando hipóteses e conflitos. A educação, do ponto de vista psicanalítico, precisa ensinar a criança a dominar seus instintos e adaptar-se ao meio social, procurando a difícil medida entre a permissão e a proibição.

Grosso modo, poderíamos dizer que a internalização das leis sociais ocorre através das interações que permitem que a criança construa e organize seu próprio sistema de regulação interna, o que demanda auto-controle e renúncia. Só será possível aprender se houver um mínimo de disciplina interna que ajudará a criança a postergar seus desejos, a se confrontar com o não saber, a organizar seus conhecimentos de forma a utilizá-los quando necessário, e a assegurar-se do que sabe.

Freud não propunha uma integração entre Psicanálise e Educação - *"A obra educativa é de natureza particular; não deve ser confundida com os modos de ação da psicanálise e não pode ser substituída por eles. A educação pode recorrer à análise de uma criança a título de técnica auxiliar, mas não equivalente, por razões teóricas como práticas.(...) Mesmo sendo verdade que a análise de um adulto pode se comparar a uma reeducação, é preciso que não nos confundamos com esta idéia; há uma grande diferença entre uma criança desencaminhada e a-social, e um neurótico adulto, assim como há uma grande distância entre reeducação e educação de um ser em pleno crescimento. O tratamento psicanalítico se baseia em condições bem precisas, que podem ser resumidas pela expressão 'situação analítica', exige a formação de determinadas estruturas psicológicas e atitude particular para com o analista. Onde isto não existe - na criança, no adolescente a-social e, regra geral, no delinqüente dominado por suas pulsões - é preciso recorrer a outros meios, distintos da análise, sem que com isso se deixe de buscar o mesmo objetivo"* (Freud in Millot., p.127).

Uma das razões que particulariza a relação analítica é a forma como é tratada a transferência. Freud, depois de estudar a transferência como manifestação do inconsciente na relação analítica, estendeu a concepção do fenômeno para qualquer relação humana, inclusive para relação professor-aluno. Nesta relação, as experiências vividas primitivamente com os pais são transferidas para o professor. A transferência ocorre quando o desejo de saber do aluno se liga a um elemento particular na pessoa do professor, isto é, o professor passa a ser depositário de elementos que o aluno lhe confere, elementos estes inconscientes e que vão lhe outorgar poder.

Porém, diferentemente da relação analista-paciente, cujo objetivo ao final do processo é a dissolução da transferência, através da qual todo o trabalho se dá, na relação professor-aluno existe a impossibilidade de uma neutralidade pelo exercício da função. Não há renúncia ao poder, pois é através dele que se fundamenta a autoridade. Caberia ao professor suportar a importância do modelo que lhe confere o aluno e conduzi-lo à superação dessa importância, simetrizando a relação, deixando então que o aluno siga seu caminho.

É justamente essa contradição que impossibilita uma pedagogia analítica, pois o professor não pode se abster de seu papel, como também não pode achar que é o próprio saber. O saber é transversalizado na relação e o professor é apenas seu mediador. Professor e aluno são marcados, portanto, pelo seu próprio inconsciente que os sujeita. O professor comunica seu inconsciente através de suas palavras; dessa forma, não há domínio possível já que não se pode dominar o inconsciente, como não se pode dominar os efeitos da influência exercida no outro. Deste ponto de vista, educa-se com o que se é e não através dos métodos pedagógicos, como explicita Millot:

> (...) *teoria pedagógica alguma permite calcular os efeitos dos métodos com que opera, pois o que se interpõe entre a medida pedagógica e os resultados obtidos é o Inconsciente do pedagogo e do educando"* (1987, p.149).

É por essa razão que Freud afirmava que a Psicanálise, a Educação e a arte de governar eram profissões impossíveis, porque elas envolvem o poder de um sujeito que exerce influência sobre outro através da palavra, encontrando o limite de sua ação no próprio inconsciente.

A Psicanálise e a Educação têm em comum o pressuposto de assegurar ao indivíduo o domínio do princípio do prazer pelo princípio de realidade, passagem esta que diferencia a infância da maturidade. Poderíamos dizer que o importante é que a criança se introduza na Lei, papel que cabe também à escola. Essas duas áreas do conhecimento utilizam-se também de um meio de ação comum, a transferência. Mas divergem em relação aos objetos, pois a Psicanálise se preocupa com as fontes libidinais do desejo de saber, e a Educação, com o conhecimento e seus métodos de transmissão. Não existe uma passagem possível da Psicanálise à Educação a não ser a compreensão de que a Educação é simultaneamente necessária e nociva.

As recomendações de Freud à Educação certamente são válidas até hoje e de certa forma se fazem presentes na escola. A primeira se refere à necessidade do educador fazer uma análise pessoal, já que seu papel de dominação é forte e que a falta de percepção sobre si poderia acarretar abusos de poder ou exigências sem significado. Freud propunha também maior veracidade ante a criança, já que a neurose nasce da mentira sobre si mesma. E sugeria a restrição das exigências educacionais, para que a criança pudesse retornar ao seu desejo, sem fazê-lo somente para corresponder às demandas do Outro.

Podemos ainda reforçar a importância do professor perceber e relevar o discurso do aluno na prática pedagógica. Ao professor cabe também saber ouvir. E se as relações estabelecidas na sala de aula são fundamentais na construção do conhecimento, é preciso reiterar a importância do desejo como mantenedor do afeto e da busca do saber.

3. A entrada na escola: um momento especial

O período de entrada na escola formal, entre 6 e 7 anos, é uma fase ressaltada por vários autores como sendo de grande importância para o desenvolvimento psíquico global. Procurarei delinear, neste capítulo, como as correntes teóricas abordadas caracterizam essa fase.

A caracterização da faixa etária constitui uma ponte entre as teorias de desenvolvimento, mesmo quando partem de origens epistemológicas diferentes, podendo ser considerada como o elo comum entre distintos paradigmas. O casamento de teorias nem sempre é possível - em alguns momentos elas são inconciliáveis; no entanto, há uma concordância quanto ao investimento pessoal do sujeito na fase escolar que é interessante ressaltar.

A tentativa aqui não é a de pasteurizar diferentes pressupostos, nem de formular uma única hipótese que dê conta de compreender a relação aluno-escola-conhecimento-professor, mas de procurar utilizar uma análise multi-referencial que possa abarcar o complexo objeto de estudo, guardando as diferenças quando necessário.

3.1. A caracterização do período escolar para as teorias interacionistas

O conceito de periodização dentre os interacionistas é variável segundo o aporte teórico do qual se origina, como pudemos observar anteriormente.

Para a **teoria construtivista**, a fase escolar se relaciona com o início do período operatório, caracterizado pela preponderância do pensamento lógico, menos centrado no sujeito. Elabora-se, nesse momento, a noção de conservação (de quantidade, massa, peso e volume), pois o pensamento se alicerça no raciocínio e não na percepção, como no período anterior. A criança passa a ser capaz, por exemplo, de reverter operações, o que em termos da estrutura cognitiva é um grande salto, permitindo que ela possa, depois que chegou ao final da resolução de um problema, retomar as etapas do modo como foi resolvido. A articulação das operações mentais lhe dá autonomia de pensamento, uma vez que pode estabelecer relações causais lógicas, fazer generalizações, agrupar conceitos em classes e sub-classes cada vez mais amplas e coordenadas. A lógica dessa fase é uma lógica sobre os próprios objetos, isto é, a criança pode classificar, relacionar e numerar os objetos de uma maneira mais elaborada do que fazia anteriormente.

Para Piaget, a idade de entrada na escola formal coincide com o início de um período importante da construção da inteligência - o período das operações concretas - o que se refletiria, segundo seus pressupostos, em um aumento de capacidades mentais desde que as relações com o mundo externo possibilitem as condições para que essas estruturas se desenvolvam. A posição de Piaget quanto à aprendizagem e ao desenvolvimento está claramente colocada na seguinte citação:

> *Em torno dos 7 anos, constatamos uma virada fundamental no desenvolvimento da criança. Ela se torna capaz de uma certa lógica, de coordenar operações no sentido da reversibilidade, no sentido de um sistema de conjunto. (...) Esse período coincide com o início da escola primária. Aqui novamente penso que esse é o fator psicológico decisivo. Se o nível das operações concretas fosse mais precoce, a escola primária poderia começar mais cedo. Ora, isso não é possível antes que seja atingido certo nível de elaboração...* (1972, p.162).

Os teóricos da **psicologia soviética** abordam a periodização de uma forma diferente - eles enfatizam a importância da atividade e da interação no mundo real, o que determina um outra orientação na abordagem da questão.

Como foi dito anteriormente, para Leontiev as mudanças das relações sociais vão definir os estágios caracterizados por atividades preponderantes na vida da criança, em cada uma dessas fases. Isto não significa apenas mudar de lugar no sistema social a partir do desenvolvimento, mas interpretar e compreender esse sistema de relações. As mudanças de atividades ocorrem devido à mudança em sua motivação, em um movimento constante de interpretação e reinterpretação da realidade, o que levará a mudanças em processos psíquicos particulares relacionados a cada atividade. É dessa forma que o conteúdo dessas atividades da vida cotidiana infantil tem uma relação de dependência com o desenvolvimento psíquico.

A **atividade principal** de cada período é aquela na qual os processos psíquicos particulares são organizados ou se formalizam (por exemplo, os processos de desenvolvimento do pensamento abstrato se moldam nos estudos) e na qual ocorrem mudanças psicológicas da personalidade. A partir dessa atividade principal surgem outros tipos de atividades a ela subordinados e dentro dela diferenciados.

Uma **atividade** necessariamente possui três dimensões: um **motivo** que são as necessidades, emoções e sentimentos que nos mobilizam a agir; uma **ação** que visa um objetivo, e as **operações** que são as diversas maneiras como as ações podem ser executadas para realizar o objetivo. Existem dois processos que permitem o desenvolvimento de uma atividade. Por exemplo, o objetivo da ação de aprender a ler e escrever para algumas crianças entrevistadas é passar de ano. Essa ação pode se transformar em atividade se a criança perceber que o aprendizado da escrita vai lhe possibilitar transmitir uma mensagem ou guardar uma informação, então seus motivos podem mudar, porque ela pode perceber outras boas razões para escrever, além de passar de ano. Isso significa que novos motivos podem aparecer durante o processo, diferentes do motivo original, e se os resultados forem satisfatórios, poderão propiciar novas atividades.

Uma **ação** é um processo que pode ter um objetivo diferente daquele da atividade, mas se relaciona com ela, *"porque o objetivo de uma ação, por si mesmo, não estimula a agir. Para que uma ação surja e seja executada é necessário que seu objetivo apareça para o sujeito, em sua relação com o motivo da atividade da qual ele faz parte"* (Leontiev, 1989, p. 69).

Uma segunda forma de desenvolvimento da atividade se dá quando determinadas ações são aprendidas, tornam-se automáticas, viram hábitos, e podem se tornar operações de ações com objetivos mais complexos. Para transformar uma ação em uma operação é preciso "*dar à criança um novo propósito com o qual sua ação dada tornar-se-á o meio de realizar outra ação*" (*ibid.*, p.75). Para que uma criança escreva, por exemplo, em letra cursiva, é preciso primeiramente que conheça essa grafia, faça exercícios, aprenda as técnicas dessa escrita, que são, nesse momento, seu objetivo. Posteriormente, ela será capaz de escrever um texto sem se preocupar se escreveu a letra *l* ou a letra *v* corretamente, pois seu objetivo já é a produção do texto; assim, uma atividade pode tornar-se motivo de outra.

Percebemos, portanto, que os significados das ações podem ser diferentes para cada indivíduo, dependendo de qual é o motivo da ação, ou seja, a que atividade ela está relacionada. O sentido da atividade se define segundo seu objetivo e seu motivo. Uma atividade compreende sempre um **objetivo**, um **motivo** e um **sentido**.

Para que se formem novos motivos, a atividade precisa ser eficaz, isto é, atingir seus objetivos. Somente a eficácia faz com que novos objetivos apareçam e engendrem novos motivos, abrindo perspectivas de atividades e objetivos cada vez mais complexos.

A **atividade escolar** é a atividade principal característica da faixa etária aqui estudada. A criança que entra na escola tem todo o seu sistema de relações ampliado, modificado. Ela percebe novas obrigações para com os pais, professores e para com a sociedade. A partir desse ponto de vista, a necessidade interior da criança, suas potencialidades emergentes estão em conexão com as tarefas que sua educação propõe e com as novas relações sociais que estabelece. A aprendizagem escolar tem um importante papel no desenvolvimento psíquico, pois possibilita uma grande transformação das capacidades intelectuais, mobiliza novos motivos e necessidades e transforma as relações da criança com o mundo.

Elkonin parte das idéias elaboradas por Vygotsky, Leontiev e seus colaboradores e procura desenvolvê-las nos aspectos que lhe pareceram insuficientes, relacionando os estágios do desenvolvimento psíquico às idéias de dependência do nível de funcionamento dos processos psíquicos e dos motivos e tarefas das atividades a que pertencem. Elkonin criticou o fato desses autores terem estudado somente as atividades relacionadas com o desenvolvimento psíquico (o jogo e o estudo), pois acreditava que era necessário estudar profundamente o aspecto objetal de conteúdo da atividade, isto é "*com que aspectos da realidade interna atua a criança em uma ou outra* atividade e, em conseqüência, a quais aspectos da realidade se orienta" (Elkonin, 1987, p.109). O autor propõe então uma divisão em fases apenas esboçada por Leontiev.

No desenvolvimento histórico da sociedade, observamos que as relações da criança com a sociedade se transformaram - a educação e o ensino, por exemplo, passaram, cada vez mais, a ser de responsabilidade da família. Por esta razão, a relação criança-sociedade é mediatizada pela relação criança-família ou criança-adulto. É na relação com as pessoas que a criança pode perceber as tarefas e atividades por elas executadas. Essas atividades são procedimentos socialmente elaborados de ações com objetos.

Desta forma, existem dois sistemas inter-relacionados com os quais a criança se depara: "criança-objeto social" e "criança-adulto social". O primeiro propicia para a criança a assimilação dos procedimentos sociais de ação com os objetos, uma vez que somente as características físicas dos objetos não podem indicar sua origem social nem a maneira como utilizá-los. Através da assimilação desses procedimentos sociais, a criança passa a dominar as ações com os objetos, ampliando-as cada vez mais. Como o adulto é basicamente o portador desses procedimentos sociais de ação, a criança percebe então a relação do adulto com as atividades sociais que realiza, como as realiza e sob que regras. Todavia, a criança pode perceber a transformação dos objetos e sua produção mas não as tarefas e seus motivos porque não são externamente verificáveis. Portanto, é em um segundo momento do processo - "criança-adulto social" - que há a assimilação de objetivos, motivos, normas e relações entre as pessoas, desenvolvendo na criança a esfera motivacional e das necessidades.

Essa assimilação se dá através da reprodução ou modelação das tarefas (e seus motivos e normas) nas atividades sociais das crianças, por exemplo, através do jogo simbólico; todavia, Elkonin ressalta que "as particularidades psicológicas deste processo estão estudadas de forma insuficiente" (ibid., p.115).

Nos três principais momentos do desenvolvimento - a primeira infância, a infância e a adolescência - existe uma atividade diretora, com características objetais e de conteúdo:

comunicação emocional direta - primeiro grupo
atividade objetal manipulatória - segundo grupo
jogo de papéis - primeiro grupo

atividade de estudo - segundo grupo
comunicação íntima pessoal - primeiro grupo
atividade profissional de estudo - segundo grupo

As três fases possuem então períodos ligados entre si: *"atrás dos períodos que tem lugar o desenvolvimento preponderante da esfera motivacional e das necessidades, seguem regularmente períodos nos quais se desenvolve, com preponderância, a formação das possibilidades operacionais técnicas das crianças. Após estes se sucedem, com regularidade, períodos em que se desenvolve, fundamentalmente, a esfera motivacional e das necessidades"* (ibid., p.123).

Elkonin acreditou formular uma concepção de desenvolvimento psíquico não-linear, pois caminha segundo uma espiral ascendente, procurando superar a cisão entre os aspectos motivacionais e das necessidades e os intelectuais-cognitivos.

Como os demais autores, **Wallon** também percebe uma mudança importante no desenvolvimento infantil que coincide com a entrada na escola formal. É o **estágio categorial** (dos 6 aos 11 anos), caracterizado pela primazia das funções intelectuais. O estágio categorial corresponderia a um período de "latência" afetiva, pois, para que a criança possa diferenciar seus pontos de vista dos do outro, precisa de um distanciamento afetivo, *"a demarcação psíquica do Eu antecede a diferenciação conceitual e será condição para a objetividade intelectual"* (Werebe, 1986, p.18). Antes da diferenciação eu-outro no plano do conhecimento existe a diferenciação no plano da pessoa.

A idade escolar corresponde a um estado de maturação mental que, por sua vez, é também desenvolvido pelas disciplinas escolares. Há, portanto, um período marcado pelas aquisições intelectuais, estreitamente relacionado com a escola, que é instrumento para o desenvolvimento e a condição do sucesso da maturação mental da criança. O desenvolvimento da memória voluntária e da atenção, ligado a um amadurecimento dos centros nervosos, tem aqui supremacia pois permite a representação abstrata dos objetos e a explicação do real.

No período escolar, a criança é cada vez mais capaz de se concentrar e se interessar por atividades com objetivos a médio prazo, o que será exigido pela escola. O interesse e o esforço se alinham como critérios essenciais para o desenvolvimento da atenção, permitindo que a criança se ajuste melhor às circunstâncias e a realidades diversas.

A memória, por sua vez, está relacionada a diferentes atividades psíquicas, às vezes opostas, como a percepção, a associação de idéias, o reconhecimento, o raciocínio e a compreensão. A fixação mnemônica possibilita o reconhecimento e o sentimento de familiaridade que facilitarão cada vez mais a tarefa, na medida em que se torna conhecida e vai se automatizando. A recordação surge depois do reconhecimento. O reconhecimento possui uma natureza afetiva e leva à representação, pois o sentimento de reconhecimento de uma imagem do passado pode trazer uma recordação ou uma evocação ao presente. A evocação é bastante comum entre as crianças e tende a diminuir na idade adulta, pois ela é sincrética, ou seja, as lembranças coexistem sem que possuam uma coerência articulada. Já a recordação é uma memória classificatória que dissolve o sincretismo anterior, ordenando as experiências em categorias, segundo as necessidades do indivíduo, e se articula com os sistemas de técnicas ou conhecimentos que são essencialmente de criação social.

No período de latência (termo utilizado também por Freud), as recordações vão perdendo suas ligações com o passado e com a vida pessoal do sujeito para se ligarem aos objetos presentes da atividade, tornando-se mais anônimas e coletivas. As lembranças subjetivas modificadas e reagrupadas em categorias pelas tendências afetivas poderão ser, então, evocadas de forma mais automática. Portanto, *"a idade escolar marca enfim o instante onde a criança se torna capaz de opor ao sincretismo das lembranças pessoais, a disciplina de uma memória que aprende a classificar e a distribuir racionalmente suas experiências e aquisições"* (ibid., p.311).

O grupo de colegas se torna mais importante neste período e funciona como uma liberação das normas e do apego à família. Nos diversos grupos dos quais a criança participa, cada um com sua dinâmica, particularidades e objetivos, ela vai se diferenciando pelas mudanças do lugar que ocupa, pelas novas relações de poder e competição, pelo controle que exerce sobre si, sobre seus atos e os dos outros. Ela pode pertencer ou se retirar de grupos por sua própria vontade e *"consegue assim conceber o grupo de uma maneira por assim dizer hipotética, de uma maneira virtual, de uma maneira ideal. Destaca-se do dado, da realidade imediata, da realidade imposta. A criança ja é capaz de pensar e de formar seu grupo"* (Wallon, 1959, p.317).

Como percebemos, de acordo com as reflexões dos autores aqui citados, há um momento no desenvolvimento, simultâneo (ou também decorrente) à entrada na escola, que é marcado por certa especialidade, traduzindo-se como um período qualitativamente diferente dos anteriores.

Veremos agora como a Psicanálise se posiciona frente a essa questão.

3.2. A Psicanálise e o período de entrada na escola

A Psicanálise se propõe a compreender a evolução do desenvolvimento do ponto de vista psíquico e concebe um aparelho psíquico formado por instâncias conscientes e inconscientes. Para Freud, não existe uma separação do funcionamento cognitivo no funcionamento psíquico; os mecanismos de elaboração cognitiva são analisados em sua relação com as raízes pulsionais e relacionais que os alicerçam e em suas relações com o sentido que possuem na organização psíquica individual ou social. A pulsão para Freud (1972) é *"um conceito limite entre o psiquismo e o somático"*, e seus estudos sobre a sexualidade infantil permitiram-lhe a formulação de uma teoria da evolução da pulsão sexual que se relaciona com o desenvolvimento e com toda a estruturação do indivíduo.

A sexualidade infantil se caracteriza inicialmente por ser autoerótica, isto é, não tem ainda um objeto sexual e encontra satisfação no próprio corpo, sendo que progressivamente vai se desligar e se independer de seu substrato biológico. Todo o corpo e cada um de seus órgãos podem produzir excitação, mas existe uma primazia de determinadas zonas erógenas em função das etapas do desenvolvimento biológico subjacente; desde o nascimento prevalece esse polimorfismo pulsional. Existem também outras fontes de excitação libidinal que são estímulos indiretos ligados à sexualidade, tais como: os movimentos ritmados do corpo; as atividades musculares, brincadeiras e jogos corporais; os processos afetivos, especialmente ligados a emoções intensas, e o trabalho intelectual.

A primeira organização libidinal é oral. O bebê, por exemplo, ao sugar o seio da mãe (ou seu substituto), estimula seus lábios que atuam como uma zona erógena, inicialmente associada à necessidade de nutrição. Essa sensação prazerosa será reavivada quando ele sugar o dedo ou outros objetos. Num segundo momento, predomina um erotismo anal, quando a criança já tem uma função esfincteriana desenvolvida: a satisfação se origina do controle que ela pode ter sobre seus próprios produtos. Em uma terceira fase, denominada fálica, há uma convergência das pulsões para as zonas genitais e a criança percebe as diferenças sexuais.

Em todas essas fases existirão perdas e, portanto, conflitos, mas no período edípico a intensidade do conflito é mais forte porque maior é a renúncia, pois, até então, a criança vivia uma relação basicamente dual. Neste momento, caracterizado pela triangulação, ocorre uma identificação da criança com os pais (menina-mãe, menino-pai) e um investimento libidinal no genitor do sexo oposto; a impossibilidade de ter o amor desse genitor só para si é vivida como castração e renúncia.

Nessa fase, pulsões antagônicas se conflituam - os desejos de ternura, por exemplo, são incompatíveis com as pulsões sádicas causando perigo para o inconsciente. Isso resulta em uma operação de **repressão** das pulsões ameaçadoras cuja satisfação pode resultar na perda do afeto dos pais ou substitutos. A energia libidinal é, portanto, **deslocada** para conteúdos que não ofereçam perigo. É quando as pesquisas intelectuais se vêem reforçadas pela energia de outras fontes pulsionais.

Após a luta edípica, surge a **latência**, o momento em que a produção da excitação libidinal não é interrompida mas a energia que dela se origina é utilizada para outros fins, não sexuais - os sentimentos sociais e a construção de barreiras desenvolvidas contra a sexualidade. Isso ocorre através dos processos de **sublimação**, que desviam as forças instintivas, orientando-as para novos objetivos, uma vez que os impulsos libidinais não podem ser atendidos e há excitações e seduções do mundo exterior condenáveis pela consciência moral. Como esses impulsos despertam desprazer, acabam criando "diques" mentais expressos por sentimentos como a vergonha, o pudor e a moral. A esse respeito, Freud assinala:

> *Tem-se das crianças civilizadas uma impressão de que a construção dessas barreiras é um produto da educação e, sem dúvida, a educação tem muito a ver com ela. Mas, na realidade, este desenvolvimento é organicamente determinado e fixado pela hereditariedade, e pode ocasionalmente ocorrer sem qualquer auxílio da educação. A educação não estará indo além do seu domínio apropriado se ela se limita a seguir as linhas que já foram traçadas organicamente e a imprimi-las um pouco mais clara e mais profundamente (1972, p.181).*

Finalmente, na puberdade, a latência dá lugar à recrudescência das pulsões sexuais, agora subordinadas à função da reprodução, e a primazia é dos órgãos genitais. Há então uma segunda escolha do objeto: é preciso renunciar ao objeto edipiano e iniciar um novo investimento libidinal, organizando a vida sexual adulta dirigida a uma única pessoa. De maneira mais abrangente podemos entender esse processo psíquico como uma aceitação da falta, da diferença e do interdito.

O desenvolvimento das fases resulta, portanto, de um conflito entre pulsões ou entre pulsões e realidade - é um interjogo das funções biológicas e psíquicas. Interessa-nos sobretudo, nesse desenvolvimento, melhor compreender o período de latência que está ligado à entrada na escola, pois a triangularização particular do período edípico abriu espaço para um terceiro, o Outro, o que possibilita a aprendizagem.

Como pudemos ver, o ego da criança executou um grande trabalho de equilibrar as forças do mundo interno e externo; a sexualidade foi recalcada ficando em total amnésia, permitindo que a criança se volte para a atividade, através dos jogos, do trabalho escolar, das atividades sociais e grupais. A pulsão do saber ou da pesquisa foi possivelmente despertada pelos questionamentos sobre temas sexuais. A curiosidade sobre a origem dos bebês, ou sobre a própria origem, é então a mola propulsora do interesse pelo conhecimento e, conseqüentemente, uma educação extremamente repressiva poderá levar a um empobrecimento da relação com o saber. O interesse pelos livros e pelo conhecimento resulta de um deslocamento da energia libidinal até então investida na relação com os pais, sendo portanto seu substituto simbólico, o que justificaria as dificuldades de aprendizagem de algumas crianças nessa época.

A curiosidade de descobrir novos mundos permite que a criança vivencie outros valores e outras relações. Como afirma Teresa Ferreira, psicanalista portuguesa: *"a maturidade dos processos intelectuais é agora compatível com as aquisições progressivas do sentido do real, da acuidade perceptiva, da capacidade de abstração e de raciocínio lógico (...) Todo o período de latência vai reforçar a identidade sexual através de novas experiências relacionais, novos tipos de conflitualidade-confronto com professores-pais, colegas-irmãos, numa seqüência que deve confirmar a criança no poder do seu próprio sexo, nas escolhas afetivas e na capacidade de pensar"* (1993, p.3).

APRENDER: VERBO TRANSITIVO

O período de latência pode ser dividido em duas fases. A primeira etapa (6 a 8 anos) se caracteriza por um tempo de maior maleabilidade; as fantasias são verbalizadas e representadas através dos jogos e do desenho, a noção de tempo é pouco clara, há uma identificação com crianças da mesma faixa etária pelo que lhes é peculiar (em oposição ao grupo familiar), as questões sobre a sexualidade e o nascimento dos bebês são presentes e conscientes. O superego se consolida, enquanto instância simultaneamente interditora e protetora da vida. Ele protege o ego das fantasias e desejos internos não aceitos e das ameaças da realidade externa, através da interdição edípica internalizada. Esse processo vai gerar uma amnésia infantil de todo esse período, uma vez que aos olhos do superego fortalecido ela representa uma ameaça. Por esta razão, Freud afirmou que a renúncia ao incesto é no fundo a base de toda a civilização.

A segunda etapa da latência, dos 8 aos 12 anos, é portanto menos fluida, porque procura manter a estabilidade interna adquirida, à custa da organização de fortes defesas. *"O esforço do ego consiste agora em conciliar diferentes investimentos objetais sem grande conflitualidade interna - pais, professores, irmãos, amigos, modelos, líderes, não podem ser antagônicos a ponto de romperem com o equilíbrio, a continuidade do seu ser e a estabilidade incipiente do sentimento de auto-estima"* (ibid., p.12).

Nesse momento, os modelos ganham importância porque é necessário substituir os pais por outros adultos que não aqueles contra quem se "combateu", e ao mesmo tempo porque há também uma identificação com esses pais, por ocasião do declínio do conflito edípico. Todas as impressões, experiências e desejos desse período, ao serem elaborados, originam uma formação chamada **ideal de ego**, relacionada tanto ao ego como ao superego, que representa o ideal que cada um tem de si, aquilo que se quer atingir, originando a identificação com os mais variados modelos. O ideal de ego é um substituto do narcisismo da infância quando o indivíduo era seu próprio ideal, perdido sobretudo devido às críticas internalizadas dos pais. Na latência, o ideal de ego estaria dependendo de modelos externos e projetado em ídolos.

É então na escola que ocorrerá a transferência de sentimentos paternais para o professor, que evoca a mesma autoridade e poder dos pais. A relação com os colegas pode ser comparada às relações fraternais; portanto, o meio escolar reproduz, de forma ampliada, e transforma o meio familiar, com a vantagem de que as relações escolares são menos intensas e possessivas, o que permite uma certa distância, facilitando o domínio das pulsões a respeito do professor e dos colegas.

Para a Psicanálise freudiana, como pudemos observar, a educação escolar contribui para equilibrar os processos internos na fase da latência. Ao proporcionar um novo mundo de descobertas, a educação permite que a criança invista em outros horizontes e, se as novas tarefas forem adequadas às capacidades infantis, possibilitam uma proteção narcísica na medida em que reforçam a autoestima e o poder de resolvê-las.

4. Afinal, quem é esse aluno que entra na escola?

Como vimos, a entrada na escola amplia, organiza, propõe desafios às capacidades e necessidades emergentes. Não é sem razão que, em geral, em termos de aprendizagem, a escola acompanhe essas mudanças e se organize em uma estrutura diferenciada do período pré-escolar. É nesse momento que as classes são organizadas com maior número de crianças, há uma relação menos "maternalizada" entre professor e aluno, espera-se produção, responsabilidade, cooperação e assimilação das normas.

Quais são os pontos convergentes e divergentes entre as teorias abordadas de forma que possamos caracterizar esse aluno?

Existe um primeiro ponto de acordo entre todas as teorias abordadas: o período de entrada na escola formal é um dos marcos do desenvolvimento da criança. Esse fio comum parte da constatação de que existe um "salto qualitativo" no desenvolvimento psíquico geral, seja cognitivo ou emocional, que possibilita novas capacidades e novos investimentos. Esse salto se origina, para uns, do processo interno de evolução do sujeito, não por isso desvinculado do mundo, e para outros, advém das relações com o mundo. Apesar dessas diferenças de origens serem fundamentais enquanto postulados teóricos, interessa especialmente ressaltar que a inter-relação dos aspectos cognitivos e emocionais nesse processo de desenvolvimento é um pressuposto básico comum a todas as abordagens.

Piaget, apesar de interacionista, preocupa-se com os processos psicológicos superiores em relação ao desenvolvimento cognitivo e tem um aporte mais ligado ao sujeito; esses processos são construídos em relação a um real amplo, que não está diretamente relacionado à vida cotidiana da criança nem à entrada na escola. As fases de sua periodização são universais e ordenadas a partir de uma construção acumulativa durante o desenvolvimento. Como seu objeto é a questão do conhecimento e não a do desenvolvimento emocional-afetivo, este não é por ele trabalhado de forma a dar-lhe seu efetivo valor na relação com os aspectos da estrutura cognitiva.

Por outro lado, na teoria de Piaget encontramos uma formulação de como as relações com o real são internalizadas e constituem a estrutura psicológica cognitiva, através dos esquemas de assimilação e acomodação, pressupondo um equilíbrio necessário ao desenvolvimento.

Entre os autores soviéticos, os estudos não foram totalmente desenvolvidos e algumas dificuldades foram apontadas por Elkonin. Mas sabemos, de forma geral, que as necessidades e motivações internas do sujeito estão em íntimo contato com o real através da atividade, fazendo com que a vida da criança seja norteadora do seu desenvolvimento. Além disso, postulam que o desenvolvimento do pensamento e da consciência se dá através dos processos de interiorização dos instrumentos e signos sociais, a partir das atividades externas realizadas com o outro, no mundo. Esses pressupostos colocam as etapas de desenvolvimento integradas ao meio histórico-social e aliam os fatores físicos, emocionais, cognitivos e sociais. Todavia, os aspectos inconscientes do desenvolvimento psíquico não foram aprofundados.

Como vimos, para a Psicanálise, a **latência** e a **atividade escolar** estão em íntima relação. Nessa abordagem os processos psicológicos, em geral, inconscientes, são analisados em seu embate com as demandas do mundo e com as próprias solicitações internas. Esse embate é fruto e resulta em um processo no qual o cognitivo e o emocional não se separam.

Podemos concluir da leitura psicanalítica que a aprendizagem depende de um arrefecimento das demandas internas, inconscientes ou não, o qual possibilita o investimento no mundo externo. Esse postulado está intimamente ligado ao aspecto ressaltado por Leontiev e Elkonin (e de uma outra forma, por Piaget) em relação ao **sentido**. A vida cotidiana nos mostra que, para investirmos em um novo projeto, é preciso uma mobilização interna que ganhe espaço e cresça, substituindo os investimentos antigos por novos possíveis ganhos (reais ou imaginários). É dessa forma que podemos fazer opções, quando, em geral, os ganhos devem ser maiores que as perdas para que haja um investimento em direção à nova possibilidade. Ora, um novo projeto, ou um novo objetivo, precisa estar presente de alguma forma em uma nova aprendizagem. A nova aprendizagem se desenvolve através das relações que estabelecemos com os objetos e com as pessoas, com as experiências vividas, com os desejos e necessidades. Isso não significa que só possamos aprender o que de certa forma conhecemos, pois, se assim fosse, a pré-história jamais poderia ser ensinada, muito menos as equações de primeiro grau. Mas certamente o conteúdo de aprendizagem tem maior ressonância quando existe um sentido que une quem aprende e o conhecimento, mesmo que essa relação seja, algumas vezes, tênue.

Esse sentido do que fazemos é construído a partir de um para quê (objetivo) e de um porquê (motivo) - é, portanto, pessoal, isto é, está relacionado com a própria identidade. Quando o sentido é claro, a ansiedade diminui e crescem as possibilidades de agir, ou de não agir, o que também é uma ação. O motivo pode ainda ser coletivizado, como na execução de um projeto de grupo, no qual diversos motivos individuais se orientam para um único objetivo. Esse porquê que é o **motivo** para os soviéticos pode ser aproximado ao **desejo** para a Psicanálise (sem desprezar suas origens epistemológicas diferentes), com a diferença de que os motivos são, a princípio, na psicologia soviética, mais "conscientes" que os desejos da teoria psicanalítica, além de representarem todo um conjunto de idéias, valores e sentimentos elaborados socialmente. O sentido seria então a ligação entre o desejo/motivo, que é interno, e os objetivos, que são sua extensão direcionada no mundo. Podemos dizer então que um sentido consciente é necessário para uma ação eficaz.

É importante ainda fazer uma ponte com a abordagem de Wallon que se aproxima bastante dos pressupostos acima levantados. Primeiramente, porque o autor considera a alternância de fatores afetivos e intelectuais durante os estágios de desenvolvimento. Segundo, porque, mesmo que tenha discordâncias em relação à Psicanálise, considera os aspectos inconscientes do processo psíquico.

Em sua descrição do período categorial, Wallon ressalta os processos de memória e atenção como especialmente privilegiados nessa fase. A memória é a relação do homem com/no tempo: o que fui, o que sou, o que serei. Existe uma evolução na qualidade da percepção no período categorial, as recordações vão ordenando as representações mentais, as lembranças, organizando o pensamento. Nesse processo poderíamos incluir a reorganização dos desejos/motivos, especialmente porque as lembranças subjetivas são modificadas e reagrupadas em novas categorias. Isso vai permitir maior compreensão do sujeito sobre si e sobre o mundo.

O desenvolvimento do processo de atenção expressa tanto uma mudança quantitativa na capacidade de se concentrar cada vez mais tempo sobre um ponto específico quanto uma mudança qualitativa, pois quando um aspecto do todo é selecionado em uma ação voluntária, em um exercício de concentração, particulariza-se um ou alguns pontos em detrimento de outros, ou do todo. A entrada no mundo adulto, as renúncias, a possibilidade de postergar, características da latência em Freud, têm portanto estreita relação com a preponderância cognitiva do estágio categorial em Wallon.

O interesse pelo novo, pelo desconhecido, os novos esforços em jogo na vida da criança serão intensificados. Quanto mais a criança se interessa pelas atividades escolares mais desenvolve sua capacidade de concentração; quanto mais mobilizada, mais se esforça, ou vice-versa. Os conceitos de "interesse" e "esforço" levantados por Wallon como instrumentos do desenvolvimento da atenção se alinham perfeitamente com o que estamos chamando de mobilização.

Se percebemos simultaneamente uma grande demanda da criança pelo conhecimento e um aumento de suas capacidades psíquicas através das atividades escolares podemos inferir que ela também está mais mobilizada para a aprendizagem porque também é mais capaz de elaborar e assimilar os conteúdos a serem transmitidos. Como para Wallon o grupo social é o ponto de apoio da criança neste momento, os trabalhos interativos propostos em sala de aula, o fortalecimento do grupo-classe e o papel do professor ganham novos contornos e maior força.

A questão da mobilização, que guarda o sentido da atividade para a criança, especialmente assinalada de diferentes formas por esses autores, é bastante esclarecedora. O sentido pessoal que a criança dá ao mundo, especificamente ao saber, à escola, ao professor, é uma porta de entrada para o conhecimento, pois não há aprendizagem se esta não tiver um significado para o sujeito, se não for um valor, uma aquisição almejada, e, como conseqüência, não há desenvolvimento. Todavia é importante considerar que a mobilização interna não garante a aprendizagem - ela é um ponto de partida. Para isso concorrem outros fatores que, como vimos, são as ações que se dirigem ao objetivo proposto, que serão realizadas através de operações. Quanto mais somos bem sucedidos no modo de fazer o que queremos, ou quando um objetivo esperado é alcançado, ficamos mais mobilizados a avançar, a descobrir ou a aprimorar o que fazemos.

Embora os autores soviéticos não discutam as questões inconscientes dessa mobilização, como o faz Freud, e Wallon em alguns momentos, é muito claro que esse sentido é permeado pelos desejos inconscientes. Seja consciente ou não, essa mobilização precisa estar presente para dar início à ação.

Para estudar é preciso que o indivíduo dê sentido ao saber, ao que aprende. Mesmo considerando que esse processo de mobilização para a escola ultrapassa a situação escolar, pois envolve processos psíquicos particulares e o contexto em que o sujeito vive, o saber transmitido formalmente pela escola também alimenta a mobilização sobre ela, ou seja, o sentido da escola é construído (ou deveria ser) na própria escola.

Essa colocação leva ao questionamento sobre as forças internas que mobilizam a criança a estudar e como é possível motivá-la, ir ao encontro de suas aspirações em um trabalho pedagógico. Mesmo que a mobilização não seja garantia da aprendizagem, seu papel é imprescindível para a compreensão da relação ensino-aprendizagem.

5. Relação com o saber

O que incita a criança a estudar? Quais as forças internas/externas em jogo? Em que medida a escola e o trabalho pedagógico podem lhe fazer sentido? De que forma a escola é um valor para o sujeito? Se escola é um lugar de formação e informação, onde muitos saberes transitam, é fundamental compreender qual é seu papel para os alunos que dela fazem parte.

A noção de relação com o saber ("rapport au savoir") vem sendo desenvolvida especialmente por alguns autores na França (Charlot,

Rochex, Beillerot et al) e permite ampliar a análise do que ocorre na escola. Essa noção tem suas origens em três fontes: a Psicanálise, especialmente de aporte lacaniano (sujeito desejante de saber/saber sobre o desejo), a Sociologia da Educação, através dos trabalhos de pesquisadores de inspiração marxista (saber é sempre relação com o saber), e também a Fenomenologia (o saber e seus limites). Privilegiarei aqui a noção desenvolvida por alguns teóricos do segundo grupo.

A equipe de Bernard Charlot, preocupada com três questões fundamentais - a singularidade, o sentido e o saber - que não pareciam abordadas (pelo menos não simultaneamente) pela sociologia da educação, desenvolveu uma pesquisa procurando compreender o fracasso (e o sucesso) escolar e o sentido da escola para os alunos. O livro, do qual resulta a pesquisa, fornece o conceito de relação com o saber que me parece mais pertinente:

> *Diríamos hoje, que a relação com o saber é uma relação de sentido, e portanto, de valor, entre um indivíduo (ou um grupo) e os processos ou produtos do saber. Paralelamente, definiríamos a relação com a escola como uma relação de sentido, e portanto, de valor, entre um indivíduo (ou um grupo) e a escola enquanto lugar, conjunto de situações e de pessoas* (1992, p.29).

Essa noção interessa primeiramente porque considera a relação com o saber enquanto **processo,** (o ato de aprender e ensinar e suas especificidades) e com os **produtos** (o conhecimento como competência adquirida e como objeto cultural, institucional e social), portanto, com uma construção histórica e social. Em segundo lugar, porque considera a natureza do ato de **aprender** e a natureza do **saber** (relação epistêmica com o saber). E finalmente porque, ao relevar o **sentido**, ressalta o sujeito, porque ele é quem atribui um sentido pessoal e singular (relação identitária com o saber) tecido na sua relação com o mundo:

> *O que se expressa na relação com o saber (e com a escola), é a própria identidade do indivíduo, constelação de percepções, de práticas, de móbeis e objetivos engajada no tempo e assumindo uma forma reflexiva em uma imagem de si. Mas essa identidade não se expressa unicamente na relação com o saber, mas dela participa: ser confrontado a uma aprendizagem, a um saber, à*

escola, significa engajar sua identidade, pondo-a à prova (ibid. p.30).

Podemos dizer, então, que a mobilização da criança no início de seu percurso escolar é constitutiva e constituinte de sua relação com o saber, pois é construída ao longo de sua história pessoal e alimentada pela escola.

A relação com o saber pode ser comparada à relação de um indivíduo com o alimento. A história da alimentação de uma pessoa mostra sua relação com a comida e com o alimentar-se desde o nascimento. Comer bem ou mal, cozinhar ou não, ir ao mercado, cuidar da saúde através da alimentação, preferir determinados sabores, ser negligente ou indiferente a tudo isso pertence a essa história de todo ser humano, pobre ou rico, no Oriente ou no Ocidente, na Antiguidade ou atualmente.

Como a relação com o alimento de um indivíduo, a relação com o saber é da mesma forma construída na vida. Função vital do ser humano tanto quanto a alimentação, a aprendizagem, meio pelo qual o saber é adquirido, é uma atividade que nunca cessa de se desenvolver; de se enriquecer, para própria sobrevivência do sujeito. Se a relação com o alimento conta com a matéria-prima dada pela Natureza ou transformada pelo homem, a relação com o saber conta com o conhecimento construído pela humanidade. A relação com o saber *é um processo através do qual um sujeito, a partir de saberes adquiridos, produz novos saberes singulares que o permitem pensar, transformar e sentir o mundo natural e social* (Beillerot, 1995). Nesse sentido, a relação com o saber implica em outros saberes: o saber sobre si, o saber sobre o Outro, o saber-fazer...

O saber-fazer está presente cotidianamente na escola. Entendemos o saber-fazer (know-how) como a competência, a experiência, a habilidade de utilizar meios adequados (físicos, materiais, intelectuais, emocionais) para resolver uma tarefa. Todavia, sua relação com o saber é complexa e de interdependência. A escola freqüentemente os dicotomiza, legitimando o conhecimento formal e menosprezando o saber-fazer. Disso decorrem problemas importantes no ensino-aprendizagem, como a cisão entre métodos e conteúdos, conhecimentos e competências, processos e produtos, teoria e prática, como se a escola fosse obrigada a escolher uma única via. O resultado mais freqüente para os alunos é conhecido: muitos conhecimentos veiculados pela escola não encontram ressonância e aplicabilidade na vida do indivíduo e o aluno é alienado tanto de seu processo de aprendizagem como das condições de elaboração do conhecimento. Conhecer a situação dos alunos de 1ª série na escola, a construção da multiplicidade de sentidos que a escola possa ter é desvelar a relação desses alunos com o saber. Por ora, essas questões ficam apenas esboçadas, pois ganharão vida na voz das crianças e professoras.

6. Aprender o ofício de aluno

"A gente aprende na escola, em casa, nas creches... a gente aprende assim a lê nos livros... No começo do ano a gente tá na escola e a gente estuda um pouco em casa. É diferente na escola por causo que a gente começa e num sabe o que é. E a gente ca'quelas outras pessoas, aquelas crianças, tudo estranha, depois no fim a gente fica aprendendo mais, conhece as pessoas. Na nossa casa, nossos parentes a gente tudo conhece".

Tatiane

Ao entrarmos em uma sala de aula para um curso, uma palestra, a princípio escolhemos um lugar que nos convém segundo o interesse, conforto e disponibilidade, provavelmente de acordo com a proximidade de pessoas já conhecidas. A seguir, procuramos papel e lápis para fazer anotações, para rabiscar, para registrar as idéias que nos vêm, as perguntas que surgem. Esperamos as consígnas do professor ou palestrante que indicará minimamente o que ocorrerá durante a aula, que organizará o tempo e as possíveis intervenções durante este período. Sabemos como nos comportar, mesmo que poucas regras sejam especificadas, por exemplo: não é adequado falar alto, interromper, mudar de lugar, formular perguntas fora de hora ou do tema... Enfim, sabemos qual é o papel que nos cabe enquanto alunos.

Esses comportamentos, já tão instalados e automatizados, tiveram sua origem em nosso percurso escolar. É difícil hoje reconstruir como foram aprendidos, e talvez ninguém nos tenha dito o que era para ser feito ou quando, mas é certo que foi preciso um espaço específico com suas características próprias e um tempo considerável. Nesse espaço existiu um professor e colegas que nos ajudaram a compor esse papel que nos é agora tão familiar.

Aprendemos então um ofício de aluno, costurando-o lentamente, como naquele tempo em que se aprendia uma profissão em uma corporação, com um mestre que era hábil para ensinar sua atividade. Todavia, a idéia que o ofício de aluno se aprende, em geral é esquecida, provavelmente porque ela nos é tão corriqueira que já não concebemos como uma criança, que em geral já foi escolarizada, possa não sabê-lo.

Daí as primeiras dificuldades com aqueles que não conseguem parar no lugar, não prestam atenção, não preenchem as folhas do caderno na ordem correta, não entendem que é pra escrever da esquerda para a direita, não trazem sequer o lápis e a borracha de casa, ou vêm para a escola com a roupa suja... É um ofício que se aprende e que se reaprende toda a vida, porque a cada novo professor, a cada mudança de espaço, de conteúdo de aprendizagem, tudo se reorganiza. Basta olharmos para alguma experiência mais recente enquanto adultos, como a entrada na Universidade ou quando um determinado professor resolve dar uma aula mudando a configuração espacial ou a ordem temporal a que estamos acostumados.

As crianças que iniciam a 1a. série passam todo um semestre, pelo menos, envolvidas, e porque não, encantadas com a aprendizagem desse ofício. A seqüência e desenvolvimento de atividades, os gestos, os olhares, o tom de voz, o uso dos materiais são paulatinamente decodificados, simbolizados, viram linguagem. A escola fala sua própria língua e é preciso conhecê-la para dela participar. Portanto, existem, nesse primeiro ano, dois níveis de aprendizagem: uma aprendizagem específica da linguagem escolar ao lado de aprendizagens privilegiadas nessa fase - que podem ser resumidas por ler, escrever e contar.

Geralmente, a escola se esquece que esse aprendizado é lento e precisa ser feito. É assustadoramente freqüente uma ausência de formalização na introdução da criança à escola. Por si mesma ela acaba descobrindo como viver e se deslocar nesse novo espaço. Não é raro encontrarmos, ao final do ano, crianças que não sabem o nome de todos os colegas, e pelo hábito de chamar todo mundo de "tia", acabam não sabendo o nome das professoras que trabalham com elas. Não entendem bem porque usam determinados livros e cadernos, não sabem quando e como usá-los, não conhecem a razão de algumas atividades rotineiras, como por exemplo, a função do cabeçalho copiado cotidianamente da lousa. Os alunos passam muito tempo tentando compreender a lógica do professor, porque ele diz o que diz, a razão de suas perguntas ou suas ações e, à força de repetir e observar, com rapidez passam a responder o que se espera deles, pondo em prática o que foi longamente exercitado, mesmo que não saibam o sentido e a finalidade do que fazem. O aprendizado desses procedimentos e técnicas faz parte do saber-fazer escolar.

Por um desconhecimento ou indiferença dos processos subjetivos das crianças, o professor, muitas vezes, acaba por não atingir seus alunos. Além disso, a veiculação de conteúdos fragmentados, sem o esclarecimento de seus usos e funções torna a tarefa de ensinar e de aprender mais difícil.

O aprendizado de conteúdos e práticas destituídas de sentido aliado a uma desvalorização do meio da criança podem provocar, ainda, uma ruptura entre a vida da criança fora e dentro da escola. A escola funcionando sob a lógica da falta, em sua avaliação do fracasso escolar (ao aluno falta disciplina, ordem, família estruturada, alimentação regular, interesse, etc), acaba por rejeitar o próprio aluno que, além de não ter o que se gostaria que ele tivesse, não tem chances de adquiri-lo, uma vez que sua origem e estrutura são deficitárias. Nesse funcionamento, a criança tem poucas chances de se identificar com suas raízes, valorizar seu lugar social ou transpor seus conhecimentos para sua vida, o que provoca prejuízos na construção de sua identidade.

O importante seria que as práticas escolares e o conhecimento transmitido pela escola possibilitassem que o sujeito ultrapassasse sua condição pessoal e social. Estar na escola é uma possibilidade de confronto que não pode ser entendida como um aniquilamento pessoal. As condições de transmissão do conhecimento são tão importantes quanto o próprio conhecimento; aprender a linguagem da escola é ampliar significados.

III - UM POUCO DE HISTÓRIA

Antes de me voltar para a análise das entrevistas realizadas, é preciso relatar um pouco da história dessa escola, desses alunos e professoras para compreender quem fala e de que lugar o faz.

Quando me propus a entrar em uma escola para entrevistar crianças e conhecer a prática desenvolvida, sabia que alguns cuidados precisariam ser tomados. O primeiro deles se referia ao tipo de escola que gostaria de adentrar nessa empreitada. Escolhi uma escola cujas coordenadoras eu já conhecia por um contato profissional anterior. Através delas, sabia que a escola era pequena e organizada (10 salas por período), que as relações profissionais eram abertas e todos estavam interessados em trocar experiências e aperfeiçoar seu trabalho. Pessoalmente, acreditava que essas coordenadoras faziam um bom trabalho pedagógico. Esse foi um critério importante para essa escolha porque pretendia excluir da pesquisa alguns problemas institucionais básicos que, como sabemos, prejudicam o trabalho de sala de aula e podem interferir diretamente na relação das crianças com a aprendizagem/escola, como a falta de direção ou coordenação, condições materiais precárias e excesso de crianças por classe.

Contatos estabelecidos e consentimentos dados, passei o primeiro semestre de 1991 realizando 10 observações de classe em duas salas de 1a. série, das professoras que chamaremos de Branca e Elisa, com o intuito de primeiramente entrar em contato com o cotidiano da escola, conhecendo melhor alunos e professoras. A escolha dessas classes foi orientada pela coordenadora segundo as minhas indicações. Para acompanhar o andamento da classe e as interações entre professores e alunos era preciso observar professoras que fossem bem consideradas na escola, porque partia do pressuposto que uma professora sem o domínio do trabalho e do grupo comprometeria a relação com seus alunos.

Nesse ano, a escola tinha seis classes de 1a. série, todas no chamado segundo período (11.30 h – 15.10 h), sendo que uma delas com um número maior de repetentes. As classes de 2a. série eram quatro. As professoras de todas as salas trabalhavam seguindo o planejamento curricular proposto pela Prefeitura, sob orientação direta da coordenadora pedagógica responsável, que colaborou com meu trabalho trazendo informações sempre que necessário. A metodologia de alfabetização proposta seguia os pressupostos teóricos de Emília Ferreiro e a escola procurava desenvolver técnicas próprias de trabalho. Eram freqüentes as reuniões pedagógicas nas quais se discutiam problemas específicos de sala de aula, além de momentos de estudo e aprofundamento teórico. As professoras afirmavam ter conhecimentos básicos sobre o construtivismo, especialmente da teoria de Piaget.

As crianças das duas classes observadas formavam um grupo relativamente homogêneo. A maioria dos alunos da classe da professora Branca era repetente e praticamente todos os alunos de Elisa entraram na escola pela primeira vez no princípio do ano. A faixa etária dos grupos era entre 7 e 10 anos.

Ao final do ano selecionamos doze crianças, seis de cada classe, para serem entrevistadas. O principal interesse dessa entrevista era o de pesquisar a relação dos alunos com o saber, com a escola, mas também gostaríamos de verificar as possíveis diferenças na relação com a aprendizagem de alunos com dificuldade e sem dificuldade na alfabetização, na tentativa de compreender seus problemas de aprendizagem. Desta forma, foram entrevistados alunos que se alfabetizaram ou não durante o ano letivo. Convém lembrar que, em 1991, as escolas municipais de São Paulo eram seriadas e havia reprovação ao final do ano. Posteriormente, a política educacional mudou, passando a ser regida pelo sistema de ciclos, sem reprovação nessa fase. Um outro critério levantado era o de verificar se havia diferenças na relação com a aprendizagem entre as crianças que cursavam pela primeira vez a 1a. série e aquelas que já tinham passado por essa experiência. Portanto, faziam parte da amostra alunos repetentes e alunos novos; a saber:

Profa. Branca – Gislene, Carlos (novos), Ed Carlos, Renato, Tatiane, Alessandra (repetentes)

Profa. Elisa – Francimara, Reginaldo, Vanessa, Anderson, Gisele, Susy (novos)

(alunos que tiveram dificuldades na alfabetização - Carlos, Alessandra e Susy)

UM POUCO DE HISTÓRIA

A escolha das crianças partia desses critérios acima mencionados e as professoras as indicavam para serem entrevistadas. A indicação da professora correspondia à minha percepção dos alunos em sala de aula. O espaço reservado para a entrevista foi a sala de leitura ou a sala da coordenação, familiares às crianças. Embora estivessem habituadas à minha presença e ao espaço físico, pude perceber que o próprio contexto da entrevista deixava algumas crianças mais inibidas.

Para "quebrar o gelo", a conversa começava a partir do suporte de um teste projetivo denominado "**par-educativo**", no qual se solicita que a criança desenhe: **"Alguém que ensina e alguém que aprende alguma coisa"**. Esse teste tem sido bastante utilizado por psicopedagogos para compreender o modo como a criança concebe os objetos de aprendizagem, a relação envolvida, e os meios empregados para representar a tarefa. O objetivo principal do uso desse desenho era que houvesse um suporte, um objeto intermediário entre mim e o aluno que pudesse facilitar a conversa, minimizar as resistências naturalmente envolvidas nesse tipo de situação. Além disso, sendo esse desenho um instrumento de análise da relação da criança com a aprendizagem, poderia ainda, se necessário, ser utilizado como material de apoio para aprofundamento de dados pessoais específicos das crianças. A conversa começava então a partir do "par-educativo" que dava os primeiros elementos para a entrevista com o aluno que então respondia a 26 questões (nos anexos), relacionadas a diversas situações de aprendizagem.

O roteiro da entrevista norteava as questões a serem investigadas, mas a ordem e a forma das perguntas poderiam ser alteradas conforme transcorria seu desenvolvimento. Nesse sentido, minha participação era freqüente, na tentativa de discutir com os alunos suas idéias, deixá-los à vontade para que pensassem sobre aquilo que eram indagados, abrindo espaço para confrontar afirmações que já tinham feito e explorar as colocações que faziam. Essa abordagem, que tem como pano de fundo as concepções dos teóricos do sócio-interacionismo - Vygotsky e Luria - especialmente no que se refere à construção interativa do conhecimento, foi utilizada por Dietzsch para investigar as noções infantis a respeito das relações entre fala e escrita.

As perguntas da entrevista foram elaboradas com a intenção de investigar as idéias das crianças sobre o tema e seu envolvimento com a aprendizagem nas duas posições da relação - como quem aprende e como quem ensina. A elaboração do roteiro buscava abrigar as questões: o que, quem, como, para que, onde, quanto e quando alguém ensina ou aprende, além de investigar a relação afetiva da criança com a aprendizagem e o processo de leitura e escrita que vivenciava.

As entrevistas realizadas foram gravadas e optei por manter a linguagem oral na transcrição escrita, especialmente nas entrevistas das crianças, o que se revelou de grande riqueza pois guardou elementos dialetais característicos, minimizando as distorções da passagem do oral para o escrito, fazendo com que as respostas fossem mais fidedignas ao que foi enunciado.

Pedi ainda às professoras que dessem algumas informações sobre seus alunos. Um pequeno questionário respondido por elas foi elaborado para esse fim (ver anexos), no qual eram solicitados alguns dados dos alunos entrevistados, dando um panorama de sua situação escolar e familiar, com uma abertura para que a professora colocasse sua visão sobre alguns dos itens. Desse modo, poderia observar se alguma informação poderia ajudar a melhor compreender as entrevistas e também verificar a visão que as professoras tinham desses alunos. Essas informações me permitiram dar um contorno mais claro do perfil das crianças.

Em relação à **situação familiar** pude verificar que todos os alunos entrevistados moravam com seus familiares próximos (pais e parentes). Os pais, em geral, trabalhavam como motoristas, operários, faxineiras, ou eram pequenos comerciantes.

Dos comentários feitos pelas professoras, salientei alguns que podem ser considerados como dificuldades familiares, e mostram particularidades da história de alguns alunos que serão relevantes no contexto da análise das entrevistas.

Reginaldo morava somente com a avó, pois a mãe era alcoólatra e seu pai fora assassinado no ano anterior. Ed Carlos havia fugido da casa da mãe porque apanhava e morava com a nova família do pai, onde não era bem tratado. Alessandra tinha mãe analfabeta e um pai que não auxiliava nos trabalhos escolares e, além disso, tinha dificuldades auditivas. Carlos tinha mãe com problema de saúde e pai alcoólatra - eles nunca haviam ido à escola. E finalmente Susy, que morava com o pai (separado da mãe) e irmãos na casa da avó.

Em relação à **escolaridade**, das doze crianças, sete freqüenta-

UM POUCO DE HISTÓRIA

ram a pré-escola (Francimara, Ed Carlos, Anderson, Gisele, Gislene, Alessandra, Carlos), três não a freqüentaram (Reginaldo, Vanessa, Susy) e duas não tinham dados a esse respeito.

A escola realizou durante o ano uma recuperação contínua feita em sala de aula pela professora (uma ou duas vezes por semana) e, no final do ano, uma recuperação intensiva durante um mês, duas vezes por semana. Participaram dessa recuperação cinco crianças (Francimara, Reginaldo, Ed Carlos, Gisele e Carlos) e sete não participaram, inclusive duas consideradas pelas professoras como alunas com dificuldades para se alfabetizar (Alessandra e Susy), o que será tema de discussão, posteriormente.

Também fizeram parte da pesquisa as entrevistas com as professoras a fim de obter dados sobre seu percurso profissional, objetivos, concepções sobre educação, alfabetização, leituras e estudos que realizaram, percepção sobre sua classe e sobre a escola em que lecionavam (roteiro nos anexos). A intenção era naturalmente melhor conhecê-las para tentar compreender suas relações com a profissão e com seus alunos.

Branca lecionava há 4 anos nesta escola, apesar de ter se formado no magistério há mais de 20 anos. Sua vida pessoal, especialmente o cuidado com os filhos, retardou sua entrada na profissão. Disse ter escolhido o magistério *"talvez por gostar muito de criança... e também com 15 anos, ninguém tá com nada definido. E entrei num colegial que exigia muito de matemática e um curso de magistério, eu preferi o magistério por me identificar mais... com as matérias. Talvez tenha sido até por isso."* Lecionou na escola durante dois anos dobrando período - além da 1a. série dava aulas na 3a. e 4a. No ano anterior, lecionou numa 2a. série, *"mas o xodó mesmo é com a 1a."*.

A professora Elisa exercia a profissão há quase 30 anos, metade em seu estado natal, no Nordeste, e 12 anos em São Paulo, como professora do Estado. Contou que, no início, *"não queria a 1a. série de jeito nenhum."* Há seis anos dava aula nessa classe e seu interesse foi despertado por uma colega *"apaixonada pelas novas propostas, as propostas alternativas, estudando Emília Ferreiro, aquela coisa toda, eu me empolguei junto com ela e passei a adotar os exercícios que ela adotava em classe. E comecei a sentir vontade de estudar também e passei a me identificar inteiramente a isso ."*

Do ponto de vista de observadora, acredito que seja importante acrescentar minha impressão, considerando que ela é apenas um ponto de vista bastante pessoal de um trabalho que é construído cotidianamente e do qual tive a oportunidade de observar apenas alguns momentos.

Na minha opinião, Elisa era bastante afetiva, animada ao apresentar as propostas, muito próxima dos alunos. Contudo eu a achava pouco diretiva e, em alguns momentos, cheguei a ficar incomodada com o barulho da classe enquanto ela explicava a atividade para alguns, ou demorava para introduzir um novo assunto. Às vezes faltava uma direção, uma condução.

A classe de Branca tinha crianças um pouco mais velhas e também uma outra dinâmica. Branca era mais organizada, mais rígida e menos expansiva que Elisa. Mas demostrava seu afeto, talvez mais pela atenção ao trabalho do que explicitamente por carinhos físicos ou por grandes elogios a seus alunos.

Ambas as professoras eram experientes e tinham o que se chama domínio da classe e conhecimento dos alunos. Eram muito interessadas por tudo o que ocorria em sala de aula e também pelas aquisições dos alunos; vinham sempre comentar comigo sobre os progressos de um, sobre as dificuldades de outro, sobre o resultado de um trabalho. Foram muito receptivas à minha presença em classe, o que nem sempre é evidente na escola pública. Percebia-se que havia uma linha pedagógica que acompanhava a condução dos trabalhos, fruto da proposta da escola.

Apresentados os personagens, o cenário e o roteiro, poderemos então conhecer como atuam e o que pensam esses protagonistas.

IV. ANÁLISE DAS ENTREVISTAS

A análise dos dados obtidos nas entrevistas parte primeiramente das respostas das crianças, agrupadas em dois grandes temas: **aprender** e **ensinar**. Em cada um dos grupos se encontram sub-conjuntos de questões que se relacionam entre si. Procurei manter, na maior parte das vezes que me pareceu pertinente, a transcrição das falas das crianças da maneira como foram enunciadas, mas em outras ocasiões as respostas estão resumidas.

Após a análise das entrevistas dos alunos, serão examinadas as entrevistas feitas com as duas professoras para contrapor suas idéias às idéias dos alunos e chegar a uma discussão global.

1. O que pensam as crianças sobre o aprender

..."*Todas as coisas que a gente pode, tem que aprendê (...) Só porque num sabe lê, num importa se num sabe lê, o importante é que sabe fazê outras coisas, num é só lê e escrevê ...é aprendê a varrê o chão, comprá um pão, ir na padaria*"...

Reginaldo

1.1. O que a gente aprende? Por quê?

As questões sobre a aprendizagem se desenrolaram sob diversas formas, sempre no sentido de delinear como esse conceito se configura para os alunos, qual sua extensão e seus limites. Para que seja possível perceber o desenvolvimento dessas noções, a análise começa pelas primeiras quatro questões da entrevista, pois acredito que esse início do discurso oral, ou seja, da entrevista, anuncia o que virá depois, da mesma forma que as primeiras linhas escritas de um texto são uma síntese do que se seguirá.

Como já foi mencionado, após o desenho do "par-educativo", iniciava a conversa com o aluno a partir da situação escolhida por ele para representar uma aprendizagem. De acordo com o desenho feito, perguntava: *é importante aprender X (o que foi desenhado)? Para que serve?* (Anexo: Roteiro da Entrevista com Alunos – pergunta 1).

As respostas à primeira questão revelam qual foi, de início, a relação que os alunos estabeleceram com a aprendizagem, que tipo de representação escolheram para desenhar e porquê.

Os desenhos e as respostas à primeira questão estão abaixo descritos:

1 – Francimara (lousa vazia, ensinando matemática).

– (É importante aprender matemática) pras continhas! ... De vez, de vezes. (A gente usa continhas) no caderno.

2 – *Reginaldo* (carro, ensinando a dirigir).

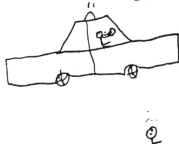

– Acho que é (importante aprender a dirigir) ... para gente podê num ficá andando muito a pé, que é mais perigoso andá a pé que de carro. Porque se um ladrão tá de a pé, a gente pode corrê dele com o carro, a gente num corre de a pé...

3 – *Vanessa* – (lousa e papel vazios, ensinando lição de matemática).

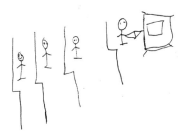

– (É importante aprender matemática) pra aprendê e não ficar burro!

4 – *Ed Carlos* – (não se vê o conteúdo da aprendizagem; ensinando a ler, a ficar amigo, a não brigar e a não fazer bagunça na escola).

– É importante a lê... Pra passá de ano, trabalhá.

ANÁLISE DAS ENTREVISTAS

5 – *Renato* (desenhos de personagens, não de conteúdos; aprendendo alguma coisa pra ficar forte e passar de ano).

– (É importante aprender) daí nóis passar de ano e quando nóis ficá maior, já pode trabalhá. Fazê a 5a., depois nóis já trabalha.

6 – *Tatiane* (desenhos de personagens, não de conteúdos; educando, ensinando a ser gentil).

– É importante (aprender a ser gentil) por causo que a gente, se a gente sê educado cas pessoas, a gente pode arrumá serviço, a gente também aprende a lê e a gente pode arrumá um serviço bom, a gente pode ser professora um dia, ensinar as pessoa que num sabe, a gente pode fala do jeito que é.

APRENDER: VERBO TRANSITIVO

7 – *Anderson* (tem "escritos" na lousa; aprendendo lição de casa).

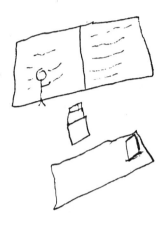

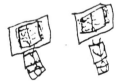

– (É importante aprender) pra trabalhá, pra gente ficá sabendo as coisas.

8 – Gisele (desenhos de personagens, não de conteúdos; aprendendo o abecedário).

– (É importante aprender o abecedário) é pra aprendê as palavras, é pra aprendê as letras e a lê. Pra não sê burra.

9 – Gislene (na lousa está escrito "matemática" e tem retângulos com sinal de =; aprendendo matemática: duas dezenas menos uma igual a dez).

– Matemática é uma coisa assim que nóis aprende melhor. É a mesma coisa que subtração... então nóis aprende melhor porque nóis já sabe. (...) Eu acho que serve pra aprender, né, a ler e a escrever.

10 – Alessandra (desenhos de personagens, não de conteúdos; aprendendo a ler).

– (É importante aprender a ler) para quando nóis crescê, nóis num ficá burra.

11 – Carlos (desenhos de personagens, não de conteúdos; aprendendo lição de continha de menos).

– (É importante aprender lição e continha) porque sim. Pra passá de ano.

12 – Susy (rabiscos em pequenos papéis sobre as carteiras dos alunos; ensinando lição).

– (É importante aprender) pra podê passá pra 2a. série.

ANÁLISE DAS ENTREVISTAS

A **questão 2**, que na verdade se divide em três partes – *Que outras coisas são importantes aprender? Quais não são? Que tipo de coisas a gente aprende?* – relaciona-se com a descrita anteriormente, e as respostas foram resumidas a seguir, por serem muito longas. As barras (/) separam uma parte da resposta da outra.

Francimara – Historinha, ditado, matemática, português./ Não é importante fazer o cabeçalho./ Aprende-se também a arrumar a casa, fazer o jantar, atravessar a rua.

Reginaldo – Trabalhar, ler, escrever e ser educado. Tudo o que puder tem que aprender/ Não é importante não aprender a trabalhar./ Aprendemos a fazer e limpar uma casa, a desenhar, a fazer números.

Vanessa – Ler em casa, estudar, ajudar a mãe./ Não é importante aprender a xingar nome./ Aprende-se a ajudar a mãe, lição e continha.

Ed Carlos – Ler e estudar./ não precisa aprender a fazer bagunça, a teimar com a professora e a sair sem pedir para os pais./ Pode também aprender a trabalhar.

Renato – Matemática, contas, para poder trabalhar./ Não precisa aprender a ficar bagunçando, falar besteira, xingar./ Aprende-se também a educação que os pais dão, a ter respeito com a família.

Tatiane – Ler, escrever, ajudar a mãe a arrumar a casa./ Não é importante matar, fumar e usar drogas.

Anderson – Se comportar bem, obedecer a professora e fazer lição.

Gislene – Desenhar, português, matemática, subtração, ler e escrever./ Não é importante aprender a brigar.

Gisele – Estudar, obedecer a professora e fazer tudo que ela mandar./ Não é importante aprender a brincar.

Alessandra – Estudar, ficar quieta./ Tudo o que se aprende é importante.

Carlos – Continha, lições, matemática./ Não é importante brincar.

Susy – A ler cartilha, escrever./ Não sabe.

As perguntas iniciais sobre o que é aprender nos mostram que a maioria das crianças se remete a funções objetivas e práticas do aprender. É possível que crianças oriundas de classes trabalhadoras tenham mais claro e mais perto de si as necessidades de um emprego, um ofício, ou mesmo a execução de trabalhos domésticos. Nesse sentido, percebemos claramente como o contexto sócio-cultural define as relações com a aprendizagem. As crianças procuram uma inserção tanto no grupo social a que pertencem quanto no grupo social escolar.

Quatro crianças mencionam que é preciso aprender para passar de ano e três, para não ficar burra. Passar de ano é importante, mesmo que não saibam claramente o que isto significa, porque representa uma real aprovação social, ou, ainda, uma etapa necessária para conquistar um ganho secundário, como uma bicicleta. *"Ficar burra"* representa uma falta grave, é não corresponder a uma expectativa pessoal e social, é a impossibilidade de se fazer algo na vida, é não saber nada, é quase *"não ser"*.

Há, ainda, quatro crianças que mencionam o trabalho como um objetivo final do aprendizado e outras três que falam de metas específicas, mais pontuais, para ler e escrever ou para fazer contas.

Apenas duas crianças se referem a aprendizados não escolares no início da entrevista; Reginaldo acha importante aprender a dirigir porque poupa-se tempo e é menos perigoso, e Tatiane acha que é fundamental aprender a ser gentil e educado. Ambas as colocações também se referem a habilidades necessárias no dia a dia das pessoas, que facilitariam tanto a vida cotidiana quanto o futuro.

Aquilo que não é importante aprender tem, quase em todas as respostas, um caráter moral: brigar, xingar, não se comportar, desrespeitar os mais velhos, usar o proibido/não saudável. Uma criança responde que não é preciso aprender a "pôr a data", e podemos imaginar aquele tempo longo e enfadonho em que se copia um enorme cabeçalho. E, finalmente, duas crianças apontam que não é importante aprender a brincar.

É importante também apontar que as <u>três</u> crianças que tiveram dificuldades neste primeiro ano escolar (Alessandra, Carlos e Susy) têm mais dificuldade em definir a função do aprendizado, como também de justificar porque uma pessoa não aprende, como pode ser visto no início das três entrevistas. Carlos é incluído nessa categoria considerando o conflito que aparece em suas respostas e no todo da entrevista.

Esse fato é bastante significativo, muito embora a amostra seja pequena, pois pressuponho que se a criança não percebe função no aprendizado terá dificuldades em aprender, uma vez que o objetivo do que faz não é claro, tornando o aprendizado mecânico e sem significado. Vale ainda mencionar o fato de que quatro crianças, já no início da entrevista, mencionam a "matemática" como um dos aprendizados importantes. Tal importância poderia estar relacionada a um real valor dado à própria disciplina ou a dificuldades surgidas no seu ensino/aprendizagem? Ou ambas?

Já na **questão 3** – *o que acontece se alguém não aprende?* – a maioria das crianças enumera fatos como: não arruma trabalho, não pode casar (porque não sabe assinar), não passa de ano, a mãe bate, fica sem saber nada, fica burro, fica desamparado, não ganha bicicleta.

E finalmente, na **questão 4** – *por que alguém não aprende?* – todos responsabilizam a pessoa que não aprende: porque não vai para a escola, porque fica bagunçando/brincando/conversando (na hora da aula), não estuda, porque é cabeça dura, não gosta, não tem vontade, precisa de esforço. Abordarei mais adiante esta questão em particular, mas já se pode ressaltar que várias respostas continuam se referindo à falta do aluno como causa da insuficiência do aprendizado escolar. Com exceção de "cabeça dura", que se refere a alguém com dificuldade de aprender, mencionada por uma criança, as outras falas dizem respeito à falta de vontade e de investimento pessoal.

Retomando as noções dos alunos nas respostas à **pergunta 2**, observamos que elas são repletas de noções morais, o que nos remete a Piaget, especialmente sobre o conceito de moral heterônoma, e também à questão da lei no período de latência. O respeito pela professora e pelos pais é explicitado através das regras de sala de aula, certamente dadas pela professora. Mesmo que essas regras assinaladas pelas crianças tenham sido discutidas e aceitas pelo grupo através da cooperação, isso não anula o fato de que obedecê-las é muito importante e, mesmo, em condição do aprendizado. Esses aspectos morais serão analisados em um item específico, logo a seguir.

O fato de as crianças mencionarem o trabalho e o saber como objetivos do aprender, indica, primeiramente, suas necessidades e motivações. Ao afirmarem, sobretudo, os motivos do aprender ligados à vida prática, esses alunos estão indicando que essas necessidades são um meio para que a aprendizagem ocorra.

A transitividade do verbo aprender já aparece nas primeiras

APRENDER: VERBO TRANSITIVO

respostas: aprende-se algo, geralmente ensinado por alguém, com determinada finalidade. A atividade de aprender tem então uma ação que se dirige a um objetivo, possui **motivos** e um sentido pessoal. Todas as crianças apresentam seus motivos para aprender aquilo que julgam ser importante e, certamente, essas idéias sobre a aprendizagem orientam suas atividades e sua postura em sala de aula. Mais de 50% dos alunos justificam que o aprendizado escolar tem a finalidade de passar de ano ou de "ser inteligente", valores relacionados à auto-imagem. Passar de ano tem um valor de ascensão e de aprovação pessoal e social, e, mesmo que não seja ainda muito claro o que vem a ser isso, é importante atingir essa meta. Todavia, parece que o fim importa mais que os meios para atingi-lo porque é preciso passar – para algum lugar, que suponho ser melhor que esse ou que esperam que eu lá chegue – e sabem que é necessário fazer determinadas coisas para tanto: mas o que é preciso aprender para passar para a classe seguinte?

A escola é também mediadora da construção da identidade – é preciso aprender para ser ou não ser alguma coisa. Ser melhor do que se é hoje, ser o que esperam de mim. A escola tem um valor absoluto, todas as matemáticas e o português, os ditados e as contas que opera, veicula, solicita, são importantes porque por ela são transmitidos. Conseqüentemente, como é importante estar na escola, toda a postura de aluno e todas as regras do jogo precisam ser conhecidas. Esse aprendizado antecede o próprio aprendizado. Em um primeiro ano escolar, ou ainda na repetição deste primeiro ano, há uma grande e intensa assimilação dessas regras e posturas adequadas à sala de aula, à escola, na relação com a professora e os colegas. Desde copiar o cabeçalho à obediência às regras, tudo precisa ser aprendido para que possam se integrar, adaptar-se ou se conformar ao e com o ambiente que valorizam. O contrato escolar é exigente em suas premissas e, ao longo desta análise, vamos observar as diversas formas que ele assume.

Algumas outras respostas confirmam a percepção das crianças de que aprender é sobretudo aprendizado escolar. A **pergunta 10** procurava aprofundar a função da aprendizagem através do questionamento sobre o que a criança já sabia e que não precisou aprender. As respostas se dividem: três crianças não souberam responder, quatro delas dizem que não é preciso aprender as letras e números porque aprenderam sozinhos (uma diz que aprendeu em casa). Na verdade, essas crianças se referem ao que não precisaram aprender **na escola**, portanto, fazem uma interpretação particular da questão. Uma delas, com alguma dificuldade, diz que não é preciso aprender uma historinha, e outras três respostas dizem respeito a aprendizados cotidianos, domésticos – lavar louça, fazer café ou pastel, a educação que os pais dão – pois são atividades que ninguém precisa ensinar, basta olhar para aprender. Essas respostas, se observadas isoladamente, não explicam a questão, uma vez que mais da metade das crianças não consegue responder claramente ao que é solicitado; no entanto, se somadas a outras perguntas, acrescentam alguns dados, como é o caso da questão que segue.

A **questão 22** acaba sendo complementar à 10, pois pergunta se a criança já aprendeu algo sozinha. Nove crianças respondem à questão, sendo que apenas uma diz que não aprendeu nada sozinha. As demais respostas, aqui resumidas, são as seguintes:

Reginaldo – acender uma luz, tampar uma cola, arrumar o sofá, o banheiro
Francimara – a comer e a andar
Vanessa – a brincar e desenhar
Renato – a fazer pastel
Tatiane – a lavar louça
Anderson – a escrever o nome
Gislene – o abecedário
Gisele – a ficar pegando os livros e ler

Observamos, portanto, que algumas respostas se repetem: arrumar a casa, lavar louça e fazer pastel são atividades que, para as crianças, são realizadas através da imitação, da observação, então entendem que não existe alguém que ensina formalmente. Andar e comer, brincar e desenhar fazem parte do desenvolvimento do ser humano e, neste sentido, são aprendidos pela experimentação. As três últimas respostas acima se referem a alguns aprendizados escolares que, para esses alunos, não exigiram o ensinamento do professor, foram descobertas pessoais.

Então, o que percebemos até agora é que, para que haja ensino, é preciso existir também uma formalização, alguém que execute um determinado papel sob determinadas condições, embora se possa aprender pela experiência pessoal. No caso da escola, essa formalização é mais explícita, é mesmo condição da aprendizagem, como bem descreve Postic:

> *O universo escolar apresenta um emaranhado de grupos de tamanhos diferentes (o estabelecimento escolar, a classe, grupos dentro da classe) regidos por um sistema de normas, de regras de funcionamento, que consignam e fixam seus limites. Sob o plano imaginário é a lei que serve de referência comum. Nas relações da criança com este universo intervém um terceiro elemento que são os pares. O representante da lei é o professor, ele também submetido à lei do estabelecimento e da instituição escolar, representada pelo diretor. A escola é um local de aprendizagem social. A criança aprende a se comportar em função das expectativas do professor em relação às respostas cognitivas e aos tipos de condutas por ele aceitas, com maior ou menor grau de tolerância, segundo sua severidade ou indulgência. O funcionamento do grupo é regulamentado. Os papéis que cada um nele assume se inscrevem no conjunto de papéis complementares no seio das interações e no contexto institucional (1989, p. 30).*

As crianças estão bastante envolvidas com os próprios papéis, de aprenderem a ser alunos e lidarem com o contexto escolar. Veremos essa inquietação sendo expressa de várias formas ao longo desta análise.

Observando a **questão 21** – *A gente aprende com a TV?* – podemos também acrescentar algumas outras informações que vão delineando melhor o que é aprendizagem para estes alunos.

> *Francimara* – Não (a princípio). Na novela ("Carrossel") aprendo a escondê alguém... a fugir.

> *Reginaldo* – Aprende algumas coisa, né, que que é sê educado... coisa que ninguém sabe, as pessoas lá sabe (...) Aprendi a jogar taco, bola...

> *Vanessa* – Quando passa o filme aí fala o que tá escrito. (...) No jornal aprende o que os home vai falando, que não pode

xingar nome, que não pode ficar na rua, senão o ladrão pega. (Nas novelas) aprende a comer direito.

Ed Carlos – No jornal da Record eles fala quantas pessoas que morreu, quantos carro que roubaro, quantas bicicleta que roubaro.

Renato – Aprende na novela do "Carrossel", a ter bom comportamento, que não pode sê que nem eles (...) eles assusta a professora. (...) No jornal aprende que não pode roubá desde pequeno, por causa que senão, de grande, nóis fica ladrão, e nóis vai preso, tem que ficá um ano na cadeia.

Tatiane – No canal 4, foi no mês de outubro, aí passava a escolinha (...) a escolinha ensinava passá, a muié passava as coisa assim na lousa e mandava todo mundo pegá um papel, aí a gente pegava tudo que ela ditava, aí a gente escrevia (...) aí quando tava certo, ensinava. (...) Nos filmes a gente aprende a tê amô pelas pessoas, tem muito filme assim, que as crianças que num gosta de cachorro, e no filme passa criança que adora cachorro, que arrisca a vida dela por causa do cachorro, então lá, nos filmes ensina a gente a tê amô nos cachorros, nas baleia...

Anderson – Nada.

Gisele – Não. (...) No jornal aprende, é ensina as criança a estudá, e eles falô assim que se não estudá, não passa de ano. (...) Na novela só aprendo no "Carrossel", a professora falando uma letra, uma letra que eu não sei, aí a letra é diferente, ela ensina.

Gislene – Passa algumas leituras na televisão que nóis também precisa aprendê (...) Aprende jogo do bicho, a sabê atravessá na rua que é muito perigoso.(...) Na novela "Felicidade" eu aprendo um monte de coisa. A podê brinca de novela. Eu brinco com minhas colega.

> *Alessandra* – Não, só fica vendo. Assiste desenho, essas coisas, novela, filme, o negócio, o mundo das aranhas, as grandona. (...) Eu só vi aranha (não aprendi). Tem uns negócio na bala, essas coisa aí nóis aprende também... tem gente que trabalha lá e põe negócio na bala e vende, o negócio mata *(você aprendeu isso na televisão?)* Não, eu só ouvi.
>
> *Carlos* – Não. *(a gente aprende com a novela?)* Assiste né, fica olhando.
>
> *Susy* – Não.

As respostas são bastante interessantes e ampliam a compreensão sobre o que as crianças compreendem do que seja aprendizagem, partindo de um meio de comunicação muito próximo de todas elas. Percebemos que nove alunos acreditam que aprendem coisas com a televisão e todas essas respostas dizem respeito a aprendizados de conteúdo moral, comportamental, ou a aprendizados escolares (ler o que está escrito, aprender as letras). É importante ressaltar que, nessa ocasião, uma emissora transmitia uma novela mexicana ("Carrossel"), voltada ao público infantil, cujo tema era uma escola e o relacionamento de seus integrantes – a professora, os alunos, a diretora, os pais, o bedel – que teve muita audiência em todas as camadas sociais. Essa novela é então lembrada em várias respostas, pois falava de uma escola e, com isso, acabava reforçando a noção de aprendizado ligado a questões escolares.

A televisão é fortemente marcada pela maioria dos alunos como modelo de comportamento social, reiterando um padrão moral tido como correto, ou porque isso é reforçado pelo conteúdo da novela; também os jornais são vistos como modelos do que se deve ou não fazer, e não como divulgadores de informação. Observamos também que apenas duas crianças falam da informação veiculada pela TV: Ed Carlos diz que pode aprender com a informação do jornal televisivo que conta sobre o número de mortes ou roubos, e Alessandra se lembra de um programa sobre as aranhas que assistiu e de um caso veiculado alguns meses antes, sobre a existência de uma droga em certo tipo de bala. Apesar de se referir a essas duas informações, Alessandra não diz que as aprendeu na TV, mas que *ouviu* e *viu*. Tanto ela quanto Carlos diferenciam assistir televisão de aprender, possivelmente pela mesma razão, já mencionada anteriormente: assistir é uma ação tida como passiva, receptiva, além disso, não necessariamente se configura enquanto aprendizagem, pois não envolve uma ação que por eles é entendida como ensino e, conseqüentemente, não existe aprendizagem – é quase uma absorção das imagens transmitidas.

Será que para essas duas crianças que tiveram dificuldades na aprendizagem o ensino/aprendizagem envolve uma participação e interação que a TV não propicia e, quem sabe, até mesmo a situação escolar não proporcionou?

Gislene, por sua vez, toma também a televisão como uma possibilidade de referência lúdica – a novela é pretexto para o jogo simbólico, é a meta-representação; brincar de novela é representar quem representa e, nesse sentido, é a única resposta que transforma as possibilidades da televisão porque a reinventa.

Não desejo me estender sobre os efeitos da televisão na vida das crianças, mas é bastante claro que a veiculação de padrões de comportamento, especialmente nas novelas, é assimilada como uma norma social almejada. Especialmente nesta fase em que as questões morais e a internalização da lei são muito importantes, a TV é tomada essencialmente sob esse ponto de vista, reiterando a mobilização das crianças para essa temática. É importante lembrar, ainda, que as personagens principais, os modelos da novela – sejam adultos ou crianças – têm sempre garantido o sucesso no final da história, sucesso esse que eqüivale aos valores de uma classe economicamente privilegiada. Não é raro também observarmos, nas novelas, comerciais que apelam diretamente à criança. De que forma isso interfere na construção de seus valores?

1.2. A moral do aprender

A **pergunta 23** questiona especificamente um aspecto moral – *às vezes você não aprendeu mas fala que já sabe? Você conhece alguém que faz isso?*

Das onze respostas obtidas, oito crianças afirmam que só falam que sabem quando isso é verdade e receberam com certa indignação a pergunta, porque não se deve mentir ou enganar alguém. Uma aluna não compreendeu e outra não respondeu. Duas afirmam que, às vezes, dizem saber o que não sabem:

> *Reginaldo* – Hum, hum, mas depois quando a pessoa vai falar pra mim fazê, eu já sei, que eu vi os otro fazê.
> *Tatiane* – eu falo pros otro que eu sei namorá mas eu nunca sei.

Essas respostas já mostram um tom de esperteza – dizer que sabem o que ainda não aprenderam – pois, às vezes, vale mais a pena mostrar-se mais sabido, ainda que sendo mentiroso. Mas a maioria, mesmo não procedendo dessa forma, conhece alguém que engana os outros, dizendo saber o que não sabe, e cita exemplos sempre com um tom reprobatório.

Além da moral ser muito forte para as crianças desta idade, parece que a relação estabelecida na classe permite a liberdade de poder dizer que não sabem sem que se sintam constrangidas, pois nenhuma das crianças se lembrou de uma situação desse tipo, em geral freqüente em muitas escolas.

Como vimos nas respostas do item anterior, os valores de bem e mal, de certo e errado são expressos constantemente pelos alunos. Retomando as idéias de Freud, percebemos claramente como no período de latência vivido então por esses alunos se estabelecem padrões que orientam e organizam os comportamentos e os conceitos das crianças. A lei é internalizada e é preciso dela se valer sempre que necessário. O limite é organizador do mundo interno, é assegurador da ordem e por isso tão valorizado. Os conceitos aprendidos se organizam em categorias relativamente rígidas para responder às novas demandas do ambiente social.

As idéias de Piaget sobre a moral também podem ser percebidas nessas respostas, embora em um registro diferente do de Freud. As crianças entrevistadas se encontram na passagem da moral heterônoma para a moral autônoma, e, portanto, a autoridade (da professora, da escola, dos pais, ou até da televisão) é também lei e deve ser cumprida, mais por temor do que por um sentimento de justiça eqüitativa que é nascente. Desse modo, o que não se deve fazer é considerado uma prescrição, o que não garante, é claro, que cumpram aquilo que preconizam.

ANÁLISE DAS ENTREVISTAS

1.3. Onde a gente aprende o quê?

Nas respostas das crianças podemos encontrar de uma forma bastante explícita que a atividade escolar é sentida como o eixo central de suas vidas e mesmo mais importante que outros aprendizados que realizam. Todas as crianças, no momento da entrevista, já haviam tido uma experiência escolar (no 1 grau) de quase um ano letivo, e as três repetentes, de dois anos. Para todas elas, a escola e o estudo são fundamentais, às vezes mesmo em detrimento de outras atividades lúdicas.

A princípio, tomemos a **pergunta 13**, que questiona sobre os lugares onde se pode aprender e se há diferenças entre aprender em casa ou na escola. Durante as entrevistas, percebi que um grande número de crianças necessitava de ajuda para responder se aprendiam ou não em casa. Como aprender quase sempre significa **aprendizado escolar**, algumas crianças demoravam na resposta, e somente quando a pergunta ia sendo reformulada é que eram capazes de listar algumas atividades não-escolares que aprenderam em casa.

É também interessante notar, como muitas vezes aparece, que os mesmos conteúdos podem ser aprendidos em casa ou na escola, no caso: ler, escrever e fazer contas. No entanto, é melhor aprender esses conhecimentos na escola porque, de alguma forma, o ensinamento escolar é melhor capacitado para esse fim. Os ensinamentos aprendidos em casa se referem, quase sempre, a atividades domésticas ou à educação no sentido da polidez e dos cuidados gerais, como o demonstram as análises a seguir.

A **pergunta 13** foi proposta da seguinte forma:

a. Na escola a gente aprende?
b. Onde mais se aprende?
c. O que é diferente de aprender na escola e em outros lugares?
d. Um é mais importante que o outro?

As respostas dos alunos relatadas a seguir contêm algumas intervenções que realizei com o objetivo de esclarecer e aprofundar as noções das crianças. Minhas intervenções estão assinaladas em itálico.

Reginaldo –
a. Muito.

b. Aprende mais na escola do que na rua. Aprende (fora da escola) porque os pais podem ensiná porque eles já sabe.

c. Aprende a ler fora e dentro da escola mas é melhor na escola porque em casa tem pai que bate na gente porque a gente não sabe fazê uma coisa e quebra a cabeça com a gente. E na escola, eles só briga com a gente, eles num bate na gente. Em casa se aprende a cortá um pão, a apontá um lápis... acho que é só.

d. Igual. Pode aprendê em casa também, se os pais não têm dinheiro eles ensina (a ler e escrever).

Vanessa –
a. Sim.
b. Na escola, no pré. *(Na sua casa você aprende?)* Só na cartilha. *(Tua mãe te ensina alguma coisa?)* A mãe ensina a fazê comida, mas eu não sei... a varrê a casa. *(E o pai?)* Pai só ensina a lê, não xingá nome e rezá. Se xingá, bate na boca.
c. Na escola aprende a estudá.
d. É mais importante aprender na escola, porque a gente sabe muita coisa, aprende um monte de coisa, aí sabe lê. *(E se uma pessoa fica sem saber cozinhar?)* A mãe ensina.

Ed Carlos –
a. Aprende em quarqué escola.
b. Em casa.
c. (Na escola) a professora passa lição na lousa e em casa ela passa no caderno pra fazê. Em casa aprende a fazê continha... de juntá, de tirá. *(E que outras coisas o pai e a mãe podem ensinar pra gente?)* Meu pai fala pra mim que qualquer dia desses, eu tivé uns 12 anos, ele vai colocá na firma. *(E o que seu pai te ensina em casa?)* Meu pai ensina a fazê feijão, cozinhá carne, batê o bife com o martelo de carne. Em casa eu faço coisa de comida e faço lição na escola.
d. Eu acho bom aprendê mais na escola que em casa porque se eu fosse mulher tinha que fazê tudo, em casa e na escola.

Renato –
a. Sim.
b. Com a irmã nóis vai escrevendo, nóis pensa... em casa. A mãe compra a lousa, a irmã escreve e depois apaga, nóis pensa e escreve. (...) Em casa trabalha pra mãe, enquanto a mãe tá trabalhando, fazê comida, fazê café, pra quando a mãe chegá ela comê.
c. O que é diferente é não bagunçá. (...) É igual, causo que a tia passa na lousa, depois nóis faz no caderno, depois nóis tira o caderno e compia.
d. Tudo igual, mas é importante a gente aprender a trabalhar. *(Onde a gente aprende a trabalhar?)* Pode ser em qualquer lugar. Nóis arranja serviço, pode ser no lava-rápido.

Tatiane –
a. Aprende.
b. A gente aprende na escola, em casa, nas creches... a gente aprende assim lê nos livros.
c. ... no começo do ano a gente tá na escola e a gente estuda um pouco em casa. É diferente na escola por causo que a gente começa e num sabe o quem é. E a gente ca'quelas outras pessoas, aquelas crianças tudo estranha, depois no fim a gente fica aprendendo mais, conhece as pessoas. Na nossa casa, nossos parentes a gente tudo conhece.
d. Na escola é mais importante... porque assim nossos parentes já tá um pouco velhinho, num lembram mais muita coisa, na escola as professoras sempre lê bastante em casa, faz curso pra aprendê, então é mais importante na escola que elas ja sabem muito.

Anderson –
a. Sim aprende.
b. Em casa.
c e d. É igual.

Gisele –
a. Aprende.
b. Só na escola. *(Em casa você não aprende nada?)* Aprendo.

APRENDER: VERBO TRANSITIVO

(Quem te ensina?) Eu mesmo! Pego a cartilha e vou lendo e vou escrevendo. *(Mas você não tinha falado que o pai e a mãe podem ensinar?)* Pode, a lê, escrevê e soletrá as letras... a estudar pra nóis passá de ano. *(E tem alguma coisa que seu pai e sua mãe te ensinaram sem ser de estudar?)* Não. *(Você sabe passar pano no chão?)* Sei. A minha mãe me ensinou. (...) Ela pego, passou o pano eu fiquei olhando e aprendi. *(Que mais que mãe ensina?)* Arrumá a cama, varrê a casa e limpá os azulejo. (E o pai o que ensina?) A estudá.
c. É passá o pano e estudá.
d. É tudo igual.

Gislene –
a. Aprende.
b. Em casa, na escola, no pré a gente aprende um pouquinho a desenhar... no trabalho.
c. A escola passa lição... nos prezinhos só passa desenhos, né, e aqui é bem melhor... pros meninos ja noto que é ruim ... a gritaria deles, a briga no pátio... Você aprende no trabalho a bater máquina, fazê as continhas quadradas.(...) Em casa nóis aprende o A E I O U, porque se não fosse esses A E I O U nóis não teria escritas, porque eles têm nas palavras. *(Mas em casa a gente só aprende coisa de letra, de ler e escrever?)* E de desenhar... a brincar. *(A tua mãe ou o teu pai te ensinaram alguma coisa?)* Não, eu aprendi sozinha. *(A sua mãe te ensinou a falar?)* Me ensinou a falá, né, mas só que a lê e escrevê não. *(Que outras coisas mãe e pai podem ensinar além de ler e escrever?)* Eles ficam um de um lado e de outro, aí ensinam as crianças, o bebezinho a andar, igual ensinaram pra mim. *(Que outras coisas eles podem ensinar?)* Aprendê nóis a comer com a colher direito... a comer com garfo, a cortá com a faca direito.
d. No serviço a gente aprende muito mais do que em casa. *(E na escola a gente aprende mais que no trabalho?)* É a mesma coisa, né. *(Mas qual que é a diferença?)* A diferença é que no trabalho, igual meu pai, ele estudava, passou para chefe de cozinha, sê cozinheiro, aí ficô na copa, aí ajudo ele.

Alessandra –
a. Aprende.
b. No catecismo. *(E em casa a gente aprende?)* Também aprende. A tia passa lição e nóis faz. (...) Minha mãe só ensinou essa coisa que não pode xingá, falá palavrão. *(E pai ensina?)* Também. Que não pode batê em alguém que não bateu em nóis.
c. Não sei. *(O que você aprende na escola que é diferente de aprender em casa e no catecismo?)* Lição. *(E no catecismo?)* A escrever. *(Então é tudo igual?)* Acho que não (...) em casa tem vezes que a tia passa alguma coisa assim, nóis faz em casa e aqui a tia dá leitura, essas coisas.

Carlos –
a. Aprende.
b e c. Prézinho. No Procópio Ferreira. *(E em casa a gente aprende?)* Não. *(Sua mãe já te ensinou alguma coisa?)* Já. *(E o seu pai?)* Não. *(O que a gente aprende em casa?)* Tomá cuidado do carro. Nóis num pode sai que ele tropela... (a mãe) ensina, aí deixa o carro passá e nóis passa.
d. Na escola é mais importante. Porque sim... porque tem escolas boa.

Susy –
a. Aprende.
b. Indo na escola, porque senão a gente chega em casa e esquece tudo. *(E em casa a gente não aprende nada?)* Tchu, Tchu. *(A sua avó ensina alguma coisa?)* Ensina, ensina um pouquinho só que não entra na minha cabeça. *(A sua avó te ensina outras coisas que não são de ler e escrever?)* Só quando ela tem paciência. *(Ela já te ensinou a cozinhar?)* Não, mas quando ela manda eu pegá o café pra esquentar eu esqueto. *(Então, como você aprendeu a esquentar café?)* Com ninguém ué! Minha avó ensinô a passá pano, barrê a casa, lavá roupa. *(Então, é só na escola que aprende?)* Prende na escola e nim casa.
c. Em casa a avó ensina a gente a lavá roupa. (Na escola) a fazê lição.
d. Na escola é mais importante porque na escola a professora ensina mais.

As respostas explicitam que a escola é percebida como o local, por excelência, cujos objetivos e procedimentos são muito importantes. A escola possibilita a realização da aspiração de uma atividade socialmente valorizada, e essa é uma das razões que marca a atividade escolar como **atividade principal**. Especialmente no período de alfabetização, a escola possibilita a inserção no mundo das letras e números (os A E I O Us...) que vai permitir, segundo as próprias observações das crianças, o acesso ao trabalho, a promoção para a classe seguinte, ou mesmo casar. A necessidade de dominar as possibilidades e procedimentos da leitura e escrita é uma maneira de ascender à vida escolar e para conhecer o desconhecido. Embora nem todos tenham respondido diretamente se o aprendizado escolar seria mais importante que o aprendizado em outros lugares (em casa ou no trabalho), de onze que mencionaram diferenças, sete acham que na escola é mais importante (duas acrescentam o trabalho) e quatro acham que é igual.

Como para essas crianças nem sempre a família pode ser o 'trampolim' para esse tipo de conhecimento – pais analfabetos, *"sem paciência"*, sem tempo, sem saber – a escola é o espaço ideal do aprendizado, como diz Susy *"a professora ensina mais"*, ou como explica Tatiane, lá elas estão melhor preparadas. Abordarei mais adiante as expectativas das crianças em relação às professoras mas, no momento, podemos considerar que a professora, neste caso, é quem tem o que as crianças querem conhecer e quem socialmente é encarregada da função de ensinar esse conhecimento.

Isto significa que, para a maioria, existem algumas operações, reguladas pela professora, que levariam ao conhecimento esperado e são chamadas genericamente de **lição,** talvez pela incapacidade de melhor decodificá-las. Fazer lição é poder executar operações de uma ação cujo objetivo se relaciona com o motivo de estar na escola. Todavia, o objetivo da lição em si é claro para a professora e não para os alunos. Os alunos, antes, fazem a lição porque acreditam que ela levará a passar de ano, à aprovação, à recompensa. Os significados são diferentes e pessoais, mas quase todos não têm claro seus objetivos mais próximos, como aprender determinado conteúdo para um fim.

A lição concretiza a aprendizagem dentro e fora da escola; ela é a manifestação da lei e, por isso, deve ser executada, pois é solicitada por quem ensina. Essa atividade essencialmente escolar chamada lição deveria desenvolver capacidades cognitivas, quando bem formulada, pois é mobilizadora de diversas emoções e reflete as necessidades e o interesse das crianças pelo estudo. Mas, para essas crianças, o conteúdo a aprender parece não ter significado em si.

A diferença entre *"passar pano e estudar"* poderia sintetizar a forma como a maioria dos alunos define o papel da escola e o papel da família. Em outros momentos da entrevista, as crianças se referem a outros aprendizados importantes que acontecem em casa, mas a maioria, porque provavelmente está envolvida com os significados da escola, minimiza os aprendizados familiares, ou talvez, acabe considerando-os como atividades e funções normais, esperadas da família, e por isso não lhes dá o estatuto de aprendizagem.

Aprender passa por um conjunto de atitudes exteriormente verificáveis, o qual exige uma atenção e determinadas atitudes específicas de suas personagens que não estão relacionadas com as aprendizagens familiares. É ainda importante ressaltar que como a entrevista foi feita na escola, talvez esse fator tenha reforçado o aspecto escolar da aprendizagem.

Portanto, do ponto de vista da dinâmica psíquica interna, esse momento de entrada da criança na escola é necessário, desejado, não somente por uma imaginada aquisição de conhecimentos formais, mas também pela rede de relações sociais que o novo contexto favorece, em especial com o grupo de crianças (e especificamente entre grupos de mesmo sexo) e também com o professor. A esse respeito, Gislene exemplifica claramente essa valorização do grupo de mesmo sexo: *"As meninas já sabem, né, agora os meninos estão em dúvida... Têm alguns que ainda sabem, mas outros estão em dúvidas..."* mas quando solicitada a dizer se as meninas aprendem melhor que os meninos, diz que acha *"tudo igual"* e depois acrescenta: *"A professora fala que, por enquanto, as melhores meninas estão na minha fileira..."*

Em uma pesquisa desenvolvida por Zazzo, pode-se constatar que existem diferenças de estratégias frente ao trabalho e ao bom desenvolvimento escolar entre meninas e meninos:

> *Constatamos então, maior espírito de seriedade entre as meninas assim como uma grande capacidade de adaptação: com o*

> *mesmo nível de inteligência, as meninas utilizam melhor seus recursos intelectuais graças a uma concentração maior, e melhor estabilidade; elas se mostram mais autônomas que os meninos e menos afetadas por diferentes tipos de professores e de estilos de ensino que podem encontrar durante seu percurso de alunas* (in Durut-Bellat et Van Zanten, 1992).

A percepção sobre a maior atenção das meninas com relação aos meninos vai ao encontro da fala de Gislene, mencionada anteriormente, pois ela observa diferenças de formas de aprender entre os sexos. Poderíamos acrescentar, ainda, que na latência essas diferenças na forma de aprender estão mais nítidas e as crianças tendem a se agrupar segundo interesses comuns, ou seja, pela identidade dos papéis sexuais.

A partir dessas idéias, parece-nos possível avançar em algumas questões através das respostas dos alunos. Como existe uma grande mobilização psíquica para as atividades de aprendizagem e de relacionamento social, a criança faz um movimento, mais ou menos consciente, para ir ao encontro do que necessita. Naturalmente, esse encontro só é bem sucedido quando a criança se alimenta dele, seja com o saber (que é sempre conhecimento do outro) ou com os mediadores desse saber (os colegas e/ou professores), e esse alimento a faz querer ir mais adiante. Como diz um ditado popular francês *"L'appetit vient en mangeant"*.

No entanto, a maioria das crianças não percebe ainda uma **relação de troca** na aprendizagem. Se retomarmos a **pergunta 4** da entrevista, que investiga porque alguém não aprende, todas as crianças atribuem a responsabilidade de não aprender a si mesmas. Vejamos as respostas:

> *Reginaldo* – Porque é cabeça dura... não escuta, depois não sabe o que a gente falô..
> *Vanessa* – Porque não tá na escola, é burro.
> *Ed Carlos* – Porque fica conversando muito.
> *Renato* – Por causo que pra gente aprendê tem que escutá, não pra ficá bagunçando. Porque nóis vêm pra escola pra ficá estudando, não pra ficá correno no meio da sala...
> *Tatiane* – Porque não tem vontade de aprender... Precisa esforçá, tentá na casa lê bastante alguma coisa no jornal.

Anderson – Porque não tá indo pra escola, às vezes também pode ir pra escola... e se ir pra escola e quisé aprendê, mas se fica bagunçando, assim ele num vai aprendê.
Gisele – Porque eles fica brincando na hora da aula, na hora do almoço e na hora de estudá.
Gislene – Porque não estuda. Não estuda, não sabe de nada.
Alessandra – Porque não estuda..
Carlos – Porque não faz as lições.
Susy – Porque eles fica conversando.

A percepção de que aquele que ensina tem um papel preponderante no bom desempenho da aprendizagem não é absolutamente mencionada, aqui, por nenhum dos alunos, embora saibam que o professor dá a regra que deve ser executada. Nenhum deles, neste momento, é capaz de dizer que não se aprende porque a professora não ensina, porque é "chata", porque a escola não é boa, por exemplo. Da mesma forma, ainda não percebem que podem ter coisas mais fáceis ou mais difíceis de aprender, mais próximas ou mais distantes do desejo, da necessidade ou das capacidades.

Isso nos levaria a supor que, mergulhados como estão nas atividades escolares, em ler e escrever, no esforço que precisam realizar para atingir o que esperam (pois por um motivo ou outro todos querem aprender a ler e escrever), os alunos não conseguem perceber a dinâmica da aprendizagem, o que implicaria uma crítica ao mundo exterior que ainda não é possível. Um distanciamento está sendo criado, eles começam a diferenciar seus pontos de vista dos do outro, formulando suas justificativas para os fatos. O pensamento reflete as marcas sincréticas, uma lógica arbitrária que está sendo organizada.

O esforço exigido pelas atividades escolares, ressaltado por Wallon, é percebido pelos alunos como uma forma de sucesso, é a imposição da determinação pessoal, o fortalecimento da imagem de si. Há mesmo certa ideologia do esforço, como se ele fosse a única garantia de aprendizagem, o que de certa forma também pode ser compreendido como um valor moral, transmitido socialmente – o esforço sendo equivalente ao Bem.

Chama atenção o fato de a maioria dos enunciados se referir à 3a. pessoa. Haveria, nesse caso, algo da moral heterônoma, identificada por Piaget, no sentido de que são "eles", os "outros" e não "eu", que devem seguir ou desobedecer as regras?

Alguns alunos dizem que se alguém não aprende é porque não vai para a escola, e mesmo quando inquiridos se só basta ir à escola para aprender, afirmam que sim, com a condição de não fazer bagunça. Ir para a escola tem um caráter mítico. Basta lá estar para se aprender. Talvez, não fazer bagunça possa também estar expressando uma necessidade pessoal de ordem no aprendizado e não necessariamente de se comportar bem para ter a recompensa do aprendizado, denotando que um ambiente organizado, uma temperatura afetiva dosada e um mundo interno relativamente coeso podem garantir que algo possa ser aprendido. Vemos aqui também o papel silenciador da escola – é possível que o professor reforce o "bom comportamento", dando o modelo a ser seguido, dando indícios de que na escola não existe espaço para brincar e para o prazer.

Voltando à questão do papel do professor nessa pergunta, se formularmos uma equação a partir da fala das crianças, teremos: *professor ensina + vontade do aluno = aprender*. Ao subtrairmos quem ensina do discurso da criança ficaremos com a vontade de aprender. Essa *"vontade de aprender"* através de um esforço pessoal significa o grande investimento que as crianças fazem neste período. E essa *"vontade"* está diretamente ligada aos motivos para aprender.

Neste momento, as crianças interpretam a sua realidade de acordo com suas razões para aprender e de acordo com o que observam de sua realidade. Seus próprios motivos, esforços e investimentos são seu norte, e sua interpretação dos fatos vai mudando, sendo acrescida de novas experiências. Observando diversos outros pontos da entrevista, percebemos que as crianças não excluem o professor desse processo, muito pelo contrário, o professor é extremamente importante, mas atribuem toda a responsabilidade pela não-aprendizagem ao seu próprio esforço, como se aprender dependesse somente disso. Como o professor é de fato um grande modelo, a falência e a falta não podem ser de responsabilidade dele.

Embora não seja minha intenção interpretar psicologicamente o conteúdo de cada um dos desenhos realizados pelas crianças da forma como o instrumento é utilizado na clínica psicopedagógica, é possível assinalar algumas características que se repetem e estão relacionadas ao tema, para finalizar este primeiro item. Lembramos que era solicitado ao aluno que desenhasse "alguém que ensina e alguém que aprende alguma coisa". Em todos os desenhos, os alunos representaram **alguém que ensina ou aprende** (em geral ambos), mas o conteúdo da aprendizagem, mesmo que tenha sido verbalizado, não foi desenhado por todos eles (ver quadro no início do capítulo).

O desenho, assim como a palavra, é representante do universo simbólico. O fato de a personagem que aprende ou ensina ser representada significa que ela possui uma existência manifesta. Podemos entender o conteúdo da mesma forma. Mesmo quando todos eles dizem que algo está sendo ensinado/aprendido, o conteúdo às vezes não é representado. Há sete desenhos " sem conteúdo", considerando que para Tatiane o conteúdo não pode ser representado, que o desenho de Ed Carlos é de perfil, portanto não se vê, e que Susy desenha pequenos papéis sobre algumas mesas. Aqui aparece novamente o conteúdo chamado de "lição", atividade escolar genérica, que já foi mencionada anteriormente.

Lição pode ser, efetivamente, qualquer coisa, qualquer tema, desde que se execute as determinadas operações, mesmo que elas não façam sentido, ou que o sentido seja executar a atividade em si mesma. Algumas crianças dizem "matemática" se referindo a fazer contas e acham que é importante aprendê-las *"pra usar no caderno", "pra não ficar burro", "pra aprender a ler e escrever", "pra passar de ano"*; quer dizer, todas elas acham que "matemática" é muito importante, mas não se referem à resolução de um problema, que seria seu objetivo. A professora, neste caso, precisaria ajudar a construir esse sentido de forma que um novo propósito surgisse e significasse a atividade de uma forma mais objetiva.

Provavelmente por estarem num contexto específico, no qual o que ocorre na escola sempre tem importância, as crianças, mesmo que não consigam compreender qual é o significado ou a utilidade do que aprendem, atribuem-lhe grande valor. Será que isto não é reforçado pela percepção da própria ignorância: "se não entendi há de ser de valor"?

Renato mostra, de uma outra forma, a mesma questão, quando se coloca como personagem no seu desenho e diz que estão ensinando *"pra mim fazê alguma coisa pra ficar forte e passá. Eles me ajuda, pra mim num errá no caderno"*. Aluno que já teve uma experiência de fracasso, pois é repetente, pede ajuda de alguma coisa que desconhece para que fique realmente forte e consiga o que quer. Qual será o espinafre de Popeye que Renato precisa internalizar/ingerir? Provavelmente, Renato precisa aprender como aquilo que aprende se relaciona com seu objetivo de aprendizagem, mencionado várias vezes, que é trabalhar.

Com essas suposições instigantes, somos levados a considerar que, para essas crianças, os conteúdos importam menos que a situação toda de aprendizagem – esta sim parece ser muito importante. Não que o conteúdo seja desnecessário, em absoluto, mas o que parece emergir dessas suposições é que há um conteúdo específico da escola que é esperado, há uma vontade de pertencer a este mundo escolar, e há, sobretudo, uma relação de aprendizagem que começa a ganhar contornos mais fortes. As crianças querem aprender.

1.4. Quem aprende? Quem ensina?

Neste item procurarei aprofundar o papel do aprendiz e do ensinante na relação de aprendizagem. Como já vimos, as crianças começam a dar contornos para a relação de aprendizagem e vão estabelecendo os papéis esperados para cada um dos protagonistas. A **questão 9** procura investigar *quem pode ensinar ou aprender*.

Encontramos, nas respostas, cinco categorias, a saber:

Quadro I

quem pode aprender / ensinar	N
todo mundo pode aprender e ensinar	4
todo mundo pode aprender, ensinar é diferente	1
depende	4
criança aprende e adulto ensina	2
não respondeu	1

Podemos entender que no primeiro tipo de resposta estão as crianças que conseguem fazer uma generalização e incluir todas as pessoas como capazes de ensinar e aprender, como diz Reginaldo: *"E se num aprende hoje, aprende amanhã, depois. Mas tem um dia que a gente vai aprendê. Novo, velho, um dia a gente aprende."* Essa possibilidade de generalização permite que a relação de aprendizagem seja mais aberta que no quarto grupo, por exemplo, que vincula o aprendizado à idade. Nesse sentido, a impossibilidade de incluir seus pares ou de se incluir como alguém que pode ensinar, transfere todo o saber ao adulto e minimiza os próprios conhecimentos. Essa é a percepção clara da assimetria da relação e até de certa impotência ou mesmo uma acomodação à situação de aprendiz. No entanto, pode também significar a valorização da experiência e, nesse caso, "quanto mais se vive, mais se ensina".

No segundo grupo, no qual há somente a resposta de Susy, ela afirma:

– Não, ensiná num pode não, a gente é que tem que fazer.
– Como assim?
– Ensinô a gente, a gente vai sê...
– Quem é que pode ensinar?
– Uai, a gente aprendemo. Vai lendo na cartilha.

Parece então que, nesse caso, Susy adota uma postura que só releva a aprendizagem que independe de quem ensina, pois o problema é de quem aprende, que deve fazer a sua parte. É interessante ressaltar que essa posição é quase a mesma de sua professora, como poderemos ver mais adiante, a qual acredita que as crianças praticamente aprendem por si mesmas e pouco se pode intervir.

O terceiro grupo aqui classificado como "depende", inclui as crianças que não se satisfizeram com a resposta que todo mundo pode aprender e, de alguma maneira, colocam condições. Para que entendamos melhor essa posição, relatarei suas respostas:

Vanessa
– *Quem é que pode ensinar?*
– A mãe.
– *Quem mais pode ensinar?*
– A professora, aluno pode ensina se sabê, as mãe, os pai...
– *Todas as pessoas podem aprender?*

APRENDER: VERBO TRANSITIVO

– Se prestá atenção pode.
– *E todas as pessoas podem ensinar?*
(Afirma)
– *E as crianças, também?*
– Se sabê...

Renato
– *Quem pode ensinar?*
– A mãe, a professora a irmã, que já sabe...
– *Todas as pessoas podem aprender?*
– "Assinando" e ele fechando os olhos e pensando, ele aprende. Só ele não ir correndo, ele não ficá correndo, aí ele aprende, se ele não fizé as coisa apressada, tem que fazê as coisa devagarinho.
– *Todas as pessoas podem ensinar?*
– Pode. Vai ensinando as irmã, os colega. As irmã quando tá fraca, nóis pega, assina ela e quando ela fica forte, passa.

Ed Carlos
– *Todas as pessoas podem aprender?*
– Algumas que pode, outras não.
– *Quem é que pode?*
– Tem as que gosta de aprendê e quem num gosta de aprendê.
– *Quem gosta de aprender é que aprende?*
– É.
– *E ensinar? Todas as pessoas podem ensinar?*
– Pode. A professora, o professor, o pai, a mãe.
– *A criança pode?*
– Criança? Pode.

Tatiane
– *Todas as pessoas podem aprender?*
– Se querê, se eles querê, gostá, tê atenção, eles pode.
– *Quem você acha que pode ensinar?*
– A professora, o pai, a mãe em casa pode dar uma força pro filho (...) Pra ele ensinar, ele também tem que sabê, também a lê, porque se ele num sabe, como ele vai ensinar?

Quais são então as condições para o ensino e a aprendizagem que nos mostram esses alunos? Para ensinar é preciso saber, para aprender, é preciso gostar, querer, prestar atenção, pensar. Portanto, encontramos nesses relatos os limites que circundam a aprendizagem, e apesar de terem uma percepção mais restrita do ensino-aprendizagem em relação ao primeiro grupo (todo mundo pode aprender e ensinar), afinam uma percepção do seu universo: mesmo que potencialmente todo mundo possa aprender, existem condições para que tanto o ensino como a aprendizagem ocorram.

Nesse grupo observamos então que a interação na aprendizagem também é percebida como essencial, uma vez que aquele que sabe mais pode compartilhar seu saber com quem sabe menos. Isso significa que se existe um objetivo comum e uma cooperação entre os pares, isto é, alguém sabe mais e, portanto, está mais apto a trabalhar, e outro que está disponível (tem interesse, vontade), a aprendizagem pode ocorrer. Como ressaltam Dumont e Moss, não é qualquer tipo de interação que pode ser propulsora da aprendizagem, mas a qualidade da relação e da proximidade sócio-afetiva pode ser facilitadora ou perturbadora em um trabalho interativo no qual é necessária a colaboração entre os integrantes. Nesse sentido, a relação afetiva é passível de *"influenciar a atividade cognitiva e os mecanismos de regulação social cognitiva afetiva quando em um trabalho colaborativo"* (1992, p.390).

Outra questão que procura ampliar o tema sobre quem pode aprender investiga se os animais e as plantas, além das pessoas, podem aprender ou ensinar. É interessante assinalar que quando a primeira das perguntas (**questão 17**) era formulada – *é só gente que aprende?* – quase todas as crianças entendiam "gente" como "nós" ou elas mesmas e respondiam negativamente, dizendo que outras pessoas também podem aprender e davam exemplos. Esta formulação, apesar de nos parecer clara na elaboração da entrevista, não foi compreendida conforme esperávamos pela maioria das crianças, talvez porque a questão anterior abordasse o tema do brincar, aprendizado que implica as crianças diretamente. Isto não impediu que chegassem à resposta, pois eles acabavam explicitando que toda a gente pode aprender. Em relação aos animais e às plantas, as respostas são as seguintes:

Quadro II

aprender/ensinar seres	Aprende	Não Aprende	Ensina	Não Ensina
Bicho	5	7	1	10
Planta	5	7	3	7

Temos então, curiosamente, o mesmo número de respostas das crianças para o aprendizado dos animais e das plantas, sendo que mais da metade acha que os animais e as plantas não aprendem. As respostas em relação ao aprendizado dos animais são pertinentes, com exemplos de papagaios que falam, de golfinhos, leões, ursos que são treinados e aprendem. Já as plantas têm como justificativa:

> *Reginaldo* – Planta aprende a vivê.
> *Vanessa* – Planta aprende a ficá bonita e grande. As mãe (das plantas) cuida bem direito.
> *Tatiane* – Todo mundo fala que a planta, quando tem ar ruim a planta é... engole, né, então eu acho que isso aí a planta aprendeu também.
> *Gislene* – A flor violeta aprende também. A sê bonita. A mãe dela (ensina).
> *Susy* – (planta) Aprende um pouquinho. Aprende a lê. *(Você já viu uma planta lendo?)* Não mas eu vi num rio as plantas ajudando as pessoas. Planta ensina um pouquinho. Ensinam a gente a lavar roupa. *(Como elas ensinam?)* Falando.

A resposta de Tatiane procura uma justificativa para uma explicação que já ouviu; Reginaldo acha que viver é um aprendizado (e não sem razão!) e as outras crianças explicam de uma forma bastante infantil, apresentando um pensamento mágico remanescente, no qual outros seres têm uma vida semelhante à nossa.

Duas crianças não responderam sobre o ensinar das plantas, então, temos um número menor de crianças que acham que as plantas não ensinam, com relação à mesma questão sobre os animais. Além disso, há as três citadas acima que justificam como as plantas aprendem.

De forma geral, podemos dizer que, para as crianças, o conceito de aprendizagem, especialmente de ensino, é uma premissa humana, pois nem todos os outros seres podem ensinar ou aprender. Todavia, o conceito de ensino é menos claro para os alunos que muitas vezes trocam as palavras "ensinar" por "aprender".
A planta aprende a ser bonita com a mãe...

1.5. Gostar, querer, poder

Apesar da relação emocional com a aprendizagem perpassar toda a entrevista, algumas questões procuram focalizar estritamente o tema no sentido afetivo da questão. Começarei pela **pergunta 7** – *você gosta de aprender? E de ensinar? Qual é mais fácil?* – pois aprofunda também a relação entre ensino-aprendizagem anteriormente abordada.

Todas as crianças afirmam que gostam de aprender e todas que gostam de ensinar, menos Francimara que, depois de falar sobre uma brincadeira que aprendeu para revidar uma agressão, diz:
– *Por que é difícil ensinar?*
– Tem lição! Historinha, lê, escrevê...
– *Mas você gosta de ensinar estas coisas?*
– Não.
– *Por quê?*
– Porque é muito feio.
– *É feio ensinar a escrever?*
– Não, é bonito.
– *Então você não gosta porquê, de ensinar a escrever pra alguém?*
– Ah, porque eles fala, "ah, você ensina muito", tem que fazer lição de casa que a professora passô. Aí eles briga com nóis.

Parece que Francimara percebe a dificuldade de ensinar pelo esforço que é preciso ser feito por quem ensina, nem sempre bem recebido por quem aprende.
Para a segunda parte da pergunta temos:

As quatro crianças que acham que aprender é mais fácil dão

Quadro III

nível de facilidade de ensinar ou aprender	N
aprender é mais fácil	4
ensinar é mais fácil	1
é igual	3
os dois são difíceis	1
não esclareceram	3

diferentes justificativas. Ed Carlos acha mais fácil aprender porque já se sabe o que é para ser feito – há uma norma a seguir que permite que o aprendizado seja mais rápido:

> *Porque tem que... a professora passa na lousa, a gente escreve, aí ela já manda nóis fazê, escrevê, aí nóis tem que fazê. Porque aprende mais rápido.*

Tatiane especifica uma ordem:
> *Porque se a gente ensiná e num aprendê, a gente vai ensiná pra pessoa aquela coisa errada. Primeiro a gente te que aprendê, depois ensiná.*

Gisele, por sua vez, concorda com Francimara e acha difícil ensinar:
> *Estudá é a coisa mais séria. Porque nóis ensina e depois eles esquece. Tem vezes que depois eles esquece, né?*

E Alessandra também estabelece uma ordem, mas como acha que só adulto ensina, sua opinião é pautada no objetivo de ser professora quando adulta:

> *Porque quando nóis crescê, nóis sê professora. As professora ensina. Quando crescê ficá professora, ensiná a escrevê e lê.*

Reginaldo, que acha mais fácil ensinar, diz:
Se a gente sabe eles num sabe, aí a gente ensina pra ele, se ele sabe e a gente não sabe, ele ensina pra nóis.

Portanto, para ele, é mais fácil ensinar porque já se é portador do saber, e quem o tem, compartilha com quem não tem. Reginaldo percebe assim a relação de colaboração necessária à aprendizagem.

De qualquer forma, essa parece ter sido uma questão difícil de ser respondida – os argumentos não são sólidos, e três crianças, apesar de responderem, não o fizeram de forma clara.Talvez por estarem mais envolvidas com o papel de aprendizes, o conceito de ensino, como foi mencionado anteriormente, ainda não esteja suficientemente elaborado por elas.

Os outros alunos não justificam suas respostas, com exceção de Renato, que dando o mesmo peso para ensinar e aprender, também dá uma resposta interativa *"de aprendê e de assiná, daí eu faço junto com meus colegas"*. Mas essa relação entre pares não é quase mencionada pelas demais crianças durante as entrevistas, talvez porque não houvesse uma pergunta específica sobre a importância do grupo.

Uma vez que todos gostam de aprender, partiremos agora para a descoberta do que eles gostariam de aprender que ainda não aprenderam. Várias crianças mencionaram mais de um desejo de aprender; portanto, temos mais respostas que o número de crianças, sendo que uma delas não respondeu.

Existem nove respostas que se referem a aprendizados escolares: ler e escrever, Português, Matemática, fazer lição e Inglês. Quatro crianças especificam para quê gostariam de aprender essas coisas – duas para passar de ano e duas para trabalhar.

Outras três crianças querem aprender atividades profissionais; Renato quer trabalhar vendendo carro ou no posto de gasolina, Anderson quer aprender a dirigir, Gislene diz que seu sonho é ter escritório, ser cantora e professora.

Acredito que essas respostas são muito importantes porque demostram que todos os alunos têm um objetivo para aprender, objetivo esse ligado a um desejo/motivo, mesmo que seja passar de ano (mencionado justamente por quem não tinha conseguido se alfabetizar). O objetivo-desejo é mobilizador, organizador e dá função à aprendizagem, de tal forma que manter o objetivo-desejo aquecido, ativo, parece ser a grande meta do ensino.

No entanto, podemos entender, a partir dessas respostas, que a relação com o conhecimento só se estabelece indiretamente. Os alunos têm uma forte relação com o futuro, manifestada em termos de uma ascensão pessoal ou social, ou como uma preocupação com a auto-imagem, que seria o ideal de ego atuando enquanto projeto do que querem ser. A satisfação do outro (a professora, os pais) também é um motivo para aprenderem e conseguirem uma aprovação pessoal, que reforça a auto-imagem. Existe ainda a relação mágica com a escola mencionada anteriormente por alguns alunos, ou seja, basta lá estar para aprender. Para alcançar esses objetivos precisam "aprender as lições". O conhecimento, o saber em si, os ganhos imediatos que dele resultam não são um valor e não sabem ao certo como esse conhecimento pode atuar no sentido de ajudá-los a atingirem suas metas de futuro.

O problema que se coloca neste caso é que, à medida que os ganhos do futuro são distantes, a aprovação pessoal nem sempre é alimentada, ainda que o esforço para aprender seja grande; dessa forma, a mobilização pode arrefecer, pois os motivos para aprender não são recarregados por objetivos atingidos. O sentido vai se perdendo. O próximo item explicitará claramente essa questão.

1.6. Do desejo de ler e escrever

Como vimos, a aprendizagem da leitura e escrita é ponto de partida e de chegada na aprendizagem das crianças de 1a. série. Mas será que sabem para quê se aprende a ler e escrever? A **questão 24** procura esclarecer este ponto – *Para que a gente aprende a ler e escrever?*

Francimara – Pra passá de ano.

Reginaldo – Pra pudê chegá num lugar e se a pessoa mandá a gente escrevê, a gente escreve. Pra chega num outro lugar e a pessoa mandá a gente lê, a gente lê. Pra gente descobri como é que é as coisa... tá escrito. *(Que coisas a gente precisa descobrir que estão escritas?)* Como é a vida. *(Onde esta escrito como é a vida?)* Na Bíblia, no mundo inteiro... elas faz assim, elas colam a praca assim, aprende a gente, a passá assim na rua. A gente aprende a lê por causa que se outra pessoa fazê aquilo sem lê naquele cartaz que tivé errado, a gente corrige.

ANÁLISE DAS ENTREVISTAS

Vanessa – Pra não ficá burro e sabê lê. Pra falá pro otro, pra gente sabê.

Ed Carlos – Pra escola. Não sei. *(Por que será que todas as pessoas vão pra escola e aprendem a ler e escrever?)* Porque gosta da escola, de ir pra escola.

Renato – Pra nóis trabalhá depois. Nóis leva um gibi pro trabalho, nóis descansa, fica lendo.

Tatiane – Eu acho que é porque existe a leitura no mundo, por causo que, quem num sabe lê, num sabe escrevê, nunca passa pra frente, num vai comê porque... daqui pro fim do mês, passa sempre na televisão, que quem num sabê lê, nunca vai segui a vida, porque ninguém vai aceitá mais daqui diante, gente que num sabe lê, gente que num sabe escrevê, eles não vão aceitá... nos trabalho, nas firma.

Anderson – ... Pra arrumá trabalho, pra casá, pra fazê um mooonte de coisa! *(E pra que a gente aprende a ler?)* É pra lê livro. Pra ensiná as pessoa que num sabe.

Gisele – É pra quando nóis tá na escola, nóis mostrá pra professora e depois ela fala aqui tá escrito, e aqui nóis lê. *(E ler?)* Serve pra aprendê e passá...

Gislene – Ah essa eu não sei, tia. Porque eu tô na escola. *(E pra que serve estar na escola?)* Pra aprendê. (Depois de falar sobre o que lê nas ruas) Porque se nóis num lesse, nóis não sabia nem lê.

Alessandra – Pra nóis trabalhá, essas coisa, e é dá leitura das pessoas que não sabe ainda. *(E ler?)* Pra sê inteligente. Pra quando nóis crescê, não sê burro e nóis faz lição.

Carlos – Pra que sim. Pra aprendê. *(Onde a gente usa a leitura?)* No livro. *(Então, pra que que a gente aprende a ler?)* Passá de ano.

APRENDER: VERBO TRANSITIVO

Susy – A professora passa na lousa. *(Pra que a gente aprende a ler?)* Não sei não. Porque a professora ensina a gente.

O conjunto das respostas nos aponta alguns dados interessantes. Observamos que, dentre todas, há poucas menções aos fins mais pragmáticos e próximos da leitura e escrita como ler revistas, placas, instruções, receitas, escrever um bilhete, uma lista. Apenas uma resposta se refere à leitura como prazer (ler gibi), o que também poderia ser um indicativo de familiaridade através de um dos contatos socialmente valorizados e conhecidos. Com exceção da resposta de Reginaldo, não existe nenhuma outra que se refira à leitura e escrita como forma de busca ou transmissão de informações.

Se considerarmos que as professoras trabalhavam com uma proposta de alfabetização que tem como pressuposto partir de um contexto significativo, procurando mostrar as funções da leitura e escrita, algo se dissociou entre o que elas propuseram e a percepção dos alunos desta prática; ou esses pressupostos não se constituíram, na verdade, em ações pedagógicas adequadas aos objetivos, ou as atividades não chegaram a tocar os alunos no ponto esperado.

O fato é que, da mesma forma que ocorreu com a Matemática, para as crianças não são claras as funções sociais da escrita, mas percebem que a leitura e a escrita são importantes e devem ser transmitidas àqueles que não sabem. No lugar dessas finalidades objetivas do aprendizado da leitura e escrita, encontramos um outro tipo de informação. O que vemos é que as crianças solicitam, desejam, esperam uma pertinência social. Aprender a ler e escrever é poder ser alguém no sentido de pertencer a uma sociedade e à cultura. Os motivos para ler e escrever, como encurtar distâncias, arquivar, buscar ou mandar informações, ou o prazer que essas descobertas poderiam proporcionar não são claros; o que vemos é que a leitura e escrita são intermediárias de uma integração social e da construção da auto-imagem. Ler, então, significa decifrar um código social, compreender como ele funciona para poder fazer parte dessa estrutura, cumprindo um papel esperado e desejado. A leitura, a escrita ou a matemática são disciplinas que **assujeitam**.

Ao final do ano letivo, quando as entrevistas foram feitas, as expectativas com relação à aprovação para a série seguinte aumentam, o que pode ter reforçado a necessidade de ser aprovado pelo outro, pela escola, pela família, como forma de reconhecimento dos méritos e do trabalho realizado.

As duas últimas questões da entrevista (**25** e **26**) investigam ainda as relações entre leitura /escrita e fala/escrita do ponto de vista da facilidade do aprendizado (*o que é mais fácil?*), compondo um trio de questões complementares que acrescentam informações aos dados analisados acima.

Encontramos duas crianças que acham mais fácil escrever e essa facilidade vem do fato de que é mais fácil copiar; a leitura, por sua vez, exige decifração, demandando mais esforço. Desta forma, para esses alunos, a escrita é compreendida enquanto cópia.

Outras cinco crianças acham mais fácil ler, e aqui também encontramos alguma dificuldade dos alunos para justificarem suas respostas: *"ler é bom"*, *"tem que ter muita energia pra ler, tem que pensar"*, *"porque sim"*. As demais cinco acham que é igual aprender a ler ou escrever e só uma justifica dizendo que *"quando escreve também aprende a ler"*.

Quanto à **questão 26**, dez crianças acham que é mais fácil aprender a falar do que escrever e duas não souberam responder. A maioria das explicações diz que é mais fácil aprender a falar porque o fazemos desde pequenos.

Talvez seja importante relevar que as questões foram feitas ao final de aproximadamente meia hora de conversa, então, as dificuldades nas justificativas podem ser devidas, também, ao cansaço. De qualquer maneira, se considerarmos as três respostas conjuntamente (24, 25, 26), percebemos que como os objetivos da leitura e escrita não são claros, há dificuldade em se estabelecer o que é mais fácil ou mais difícil aprender e, como não relacionam a escrita como representação da fala (mesmo que esta relação não seja linear), nem percebem as propriedades da escrita ligadas ao tempo e ao espaço e nem estabelecem pontes entre o aprendizado da fala e da escrita. Aprender a falar é visto como um processo maturacional, do desenvolvimento de quase todos os indivíduos e, talvez pela distância no tempo em que essa aprendizagem se encontra, já perdida na memória; ou talvez porque falar não se refira a um "aprendizado formal", como vimos anteriormente, é mais fácil aprender a falar do que a escrever.

Dentre todas as respostas, somente uma criança estabeleceu uma relação entre fala e escrita que merece ser mencionada.

APRENDER: VERBO TRANSITIVO

Reginaldo diz que é mais fácil aprender a falar *"porque se a gente num subé falá, a gente num sabe o que tá escrito lá, e se a gente subé falá, a gente sabe que tá escrito, fala quarqué coisa. (...) Uma pessoa muda sabe escrevê, mas num sabe o que tá fazendo. E mesmo se ele subé, ele num pode falá pra outra pessoa que tá querendo sabê o que ele tá escrevendo."*

Reginaldo percebe uma relação entre fala e escrita porque é preciso **dizer o que se escreveu**, como se o outro não pudesse ler e por si mesmo compreender. Isto denota que a função comunicativa da escrita não é entendida porque ela depende da fala para ser transmitida.

Pergunto-me se esta percepção não decorre do fato de as práticas pedagógicas atuais reforçarem que a criança fale o que quis escrever ou que escreva como quiser, quando graficamente sua escrita ainda não é totalmente compreensível. Se isto for realmente um indicativo, é preciso pensar o que significa não dizer, em nenhum momento desse período inicial de aprendizagem, que não é possível compreender o que a criança escreveu, porque ainda não é uma escrita alfabética. Isso seria uma forma de poupá-la do confronto escritor-destinatário e da percepção que ainda não escreve de modo que todas as pessoas possam compreender. Desse ponto de vista, a escrita nunca se torna necessária porque sempre vem acompanhada de uma fala que a traduz.

Talvez esse procedimento pedagógico reflita ainda a grande dificuldade que a escola encontra, atualmente, ao fazer uma transposição didática da teoria em que se apóia. Isso tem sido bastante grave no processo de alfabetização, no qual vem ocorrendo nitidamente uma mudança de paradigma no ensino das letras. Algumas técnicas chamadas construtivistas viraram regras de um "método construtivista", levando à eliminação de exercícios e atividades importantes no processo de aquisição da leitura e escrita, agora tidos como tradicionais, sem que tenha ocorrido uma verdadeira mudança de postura e de olhar para o processo de ensino-aprendizagem.

Confunde-se uma teoria de base com uma metodologia de trabalho, opõe-se a utilização de tipos de atividades (como criação/memorização, atividades em grupo ou individuais) como pertencentes unicamente a um tipo de pressuposto, classifica-se professores de tradicionais ou construtivistas, criando muitas vezes verdadeiras guerras nas escolas. Essa discussão é longa e profunda, mas cabe aqui sinalizá-la, pois, se na escola na qual foi realizada esta pesquisa a situação não era essa, algumas posições das professoras refletem, em alguns momentos, as ambigüidades e as dificuldades da tarefa de alfabetizar nos dias de hoje.

1.7. Aprender e brincar

A conhecida vertente pedagógica do aprender brincando não tem nenhuma ressonância entre as crianças – elas fazem uma verdadeira cisão entre uma atividade e outra.

Na **questão 4**, pudemos ver como brincar na escola é visto como um fator de impedimento à boa aprendizagem. Dentre as respostas posteriores, há também algumas referências ao brincar como fator que dificulta a aprendizagem, pois se brincamos na sala de aula não aprendemos. Para a maioria das crianças das nossas escolas, aqui representadas por apenas algumas, o brincar pouco aparece na escola, confinado aos poucos minutos da hora do recreio, e sua representação está vinculada à desocupação, à bagunça, à falta de objetivos, em oposição ao trabalho "sério" que ocorre na escola; brincar, neste caso, se opõe à disciplina.

Isso reflete o que, geralmente, a própria escola considera sobre o que é o brinquedo, o brincar, e mostra que o trabalho sério ocupa sempre o lugar do prazer do conhecer, que não tem espaço. Mesmo que nesse momento da vida a lei seja importante, se o brincar fosse trazido para a sala de aula como uma outra atividade significativa e portadora de saber, esta "seriedade" do aprender poderia ganhar outros contornos. Se a falta de sentido para o conhecimento é um dos temas mais importantes que extraímos das respostas das crianças, o prazer do conhecimento é uma das portas para a busca de sentido.

A **questão 16** procura saber se as crianças consideram que podem aprender a brincar. Todas elas afirmam que já aprenderam a brincar com irmãos, amigos e pais, citando várias brincadeiras infantis, a maioria jogos de regras ou jogo simbólico, e algumas dizem também que já ensinaram. Dentre as respostas, três chamam mais atenção. Tatiane faz uma diferenciação entre brincadeiras de meninos e meninas, dizendo que com o irmão pode brincar de carrinho, mas não com as amigas. Reginaldo ressalta que se aprende a brincar vendo o outro brincando. E Anderson diz: *"aprendi comigo mesmo"* e, quase surpreso, acrescenta *"mas tenho uma irmãzinha de dois ano que já sabe até brincá."*

Espontaneamente, nenhuma criança tinha incluído o brincar como uma atividade que se pudesse aprender; todavia, quando a questão é direta, nenhuma delas tem dúvida que o brincar é uma atividade que podemos aprender ou ensinar. Não há nenhuma menção a alguma brincadeira que pudesse ter acontecido dentro da sala de aula, como poderia ser o caso dos jogos pedagógicos que se costuma utilizar nesta faixa etária – memória, dominó, forca – quase todas as brincadeiras a que se referem são jogos de rua, ou de espaço amplo. Brincar não é coisa para a escola...

1.8. Quem sabe muito, quem sabe pouco

As últimas questões a serem interpretadas se relacionam à quantidade de saber de alguém e à maneira pela qual ele pode ser adquirido (respectivamente: 18. *Você conhece alguém que sabe muito? Quem? Por que será que essa pessoa sabe?* 19. *Você conhece alguém que sabe pouco?* 20. *O que uma pessoa precisa fazer para saber muita coisa?*).

Quando questionamos sobre quem é a pessoa que as crianças conhecem que mais sabe estamos tendo acesso a um modelo, a alguém bastante valorizado por seu saber, que representa um ideal de conquista e sabedoria, alguém que almejam ser. Essa questão nos permite conhecer, ainda, que tipo de saber é valorizado e como imaginam que poderiam atingi-lo. Quem são os modelos das crianças?

Francimara – A diretora, porque ela manda aqui.

Reginaldo – Deus. Se ele num soubesse, ele num sabia o que era mundo, qué que era gente, ele num sabia o que é fazê uma pessoa, ih dá a ele um presente, muito carinho, ele num sabia o que era isso.

Vanessa – Só a professora. Porque elas são professora.

Ed Carlos – A professora. O pai, porque ja trabalhô de duas firmas. (...) Porque já conseguiu vários serviços.

Renato – As professora. Pode ser você também, você num

lê? Então, pode ser as professora que lê. O importante pra nóis passa é que nóis tem que aprendê a escrevê pra depois lê livro.

Tatiane – A tia Branca. Porque ela é professora e ela tem curso, ela tem muita coisa que dá pra ela aprendê bastante. Agora o pessoal da rua assim, perto da minha casa, eles num é professor, eles num sabe tanto assim como a tia Branca.

Anderson – Ih, um monte de pessoa. Meu tio, uma das minha tia, porque eu tenho uma tia que num sabe lê e escrevê. Porque já foro pra escola.

Gisele – As professoras. Porque elas já ficaram nas escolas e ficam muito, muito, e já aprendeu bastante. Aí ela quando crescem, elas queria sê professora aí ela foi.

Gislene – Deus. Não é nóis que faz as coisa, é Deus dentro de nóis, nóis escreve e não é nóis que escreve, é Deus. Deus tá dentro da gente e se não fosse Deus, nóis não sabia pegá nem no lápis.

Alessandra – A professora e minha irmã. Minha irmã já sabe fazê leitura, sabe fazê matemática, sabe lê cartilha, sabe fazê o negócio no caderno, sabe fazê numerais, muitas coisas. Porque minha irmã estudou muito, ela gosta da escola.

Carlos – O Rafael. É do "Procópio Ferreira". Porque já passou de ano.

Susy – A professora do meu primo. Porque ela é japonesa.

Como já foi discutido anteriormente, a importância da escola continua a marcar sua presença nessas respostas. Sete crianças citam as professoras, e uma, a diretora. Dois parentes e um amigo são mencionados por causa do sucesso nos estudos, o que continua a circunscrever a escola. Poderíamos esperar que as crianças citassem figuras públicas, artistas, personagens que veêm na TV, mas das crianças que não falam do saber transmitido pela escola temos Ed Carlos, que fala do pai pela capacidade de trabalhar e conseguir serviço, Reginaldo e Gislene, que falam de Deus. Quando essas duas crianças falaram sobre Deus, ressaltaram a característica humana da divindade; Deus é parte gente e parte espírito, e como Deus está também em nós, há uma possibilidade de identificação com a divindade.

Os modelos são ideais a atingir, são as personagens com quem é possível se identificar e que estão auxiliando a criança em seu trabalho de construção de seu próprio eu a partir da instância do ideal de ego.

Quando as crianças justificam os motivos para essas pessoas saberem tanto encontramos dois tipos de respostas – pelo que são ou pelo que fazem. Quem faz, manda, trabalha ou estuda e, por essa razão, investiu e conquistou seu saber. Há quatro respostas que se referem ao próprio estatuto de ser: Deus porque é Deus, a professora porque é professora e a professora do primo porque é japonesa. Cada uma das categorias delimita o poder e o tipo de saber que emana deste estatuto. Entre quatorze respostas, pois duas crianças mencionam duas pessoas, somente duas assertivas se referem a crianças que sabem muito.

De outro lado, quem sabe pouco são os meninos da rua, um colega da classe, amigos, irmãos, a tia, o primo, a avó e quem não estuda. Em todas as respostas sobre quem sabe pouco a referência é o estudo escolar – quem não aprendeu, não cursou, repetiu e não sabe ler e escrever. Somente Tatiane acrescenta, quando solicitada, outros saberes de vida: *Ela sabe... quem num é avó, ela pode também ensiná como é o jeito de sê avó, é... é educa assim, como as mãe, como sabê as mãe assim como gostá do filho, do que é... deixá o filho é... como dá o filho pra outra pessoa, aí deixá o filho com a vó, aí a vó que educa, que ajuda a mãe, a vó que põe na escola, a vó que dá comida, a vó que faz tudo.*

Mesmo a avó sabendo tudo isso, ela não estudou, então é quem Tatiane conhece que menos sabe. Além dessa avó citada, somente outro aluno também cita um adulto; o restante das respostas se refere a crianças.

É compreensível que quem saiba mais sejam majoritariamente adultos e não crianças, porque, sendo modelos, são um alvo em quem se espelhar, e uma vez que as crianças estão construindo sua identidade nesta fase, os modelos, os heróis são importantes e muito fortes, como discutimos no capítulo sobre a fase da latência.

Mas qual é o caminho para saber tanto quanto estes que admiram? Como o estudo é valorizado, a principal via de acesso ao saber é a escola, conforme podemos observar nas respostas à **questão 20**:

> *Francimara* – Estudá muito, aprendê que a professora tá falano, escrevê e lê pra passá de ano.
>
> *Reginaldo* – Entrá a escola, estudá até o final, porque senão só aprende um pouco, o resto ninguém sabe mais.
>
> *Vanessa* – Quando elas for pequena, elas ficava aprendeno assim, riscano assim. Aí depois quando ficô menor assim, com 7 anos, aí aprendeu lição, aí queria sê professora.
>
> *Ed Carlos* – Muita coisa. Fazê história, é... aprendê... Aprendê a lê bastante e desde o começo (da aula).
>
> *Renato* – Eles têm que ir devagarzinho, pegando, mandando a professora escrevê, vai escrevendo, depois a tia, a professora passa um monte de lição e eles aprende tudo.
>
> *Tatiane* – Tem que estudar sempre... é sempre vivê perto dos livro, perto das pessoa que sabe bastante, cobrá uma ajuda a mais, tem que estudá, que trabalhá, pra ter o dinheiro pra pagá a escola, pra comprá o livro, comprá roupa de criança, tudo isso tem que sabê.
>
> *Anderson* – Estudá. Qualquer coisa.
>
> *Gisele* – Pegá os livro, estudá, pegá o livro de escola e lê e depois num instante vai pra escola e já aprendeu.
>
> *Gislene* – Tá na escola. Pessoal que não tem mãe piorô né, porque não tem escola, não tem dinheiro, não tem nada que comê.

Alessandra – Estudá bem, lê bem, não lê errado, fazê lição certa, lê na cartilha.

Carlos – Aprendê muito. Aprendê na escola... aí passa de ano. Esforçá na escola.

Susy – Estudá, lê na cartilha.

Além da escola, encontramos, pela segunda vez, os livros como portadores de sabedoria, sejam livros escolares ou não – as crianças sabem que eles podem ser uma importante fonte de aprendizagem. Portanto, o que de essencial podemos extrair dessas respostas vem confirmar as hipóteses sobre as quais vinha trabalhando. A escola é, neste momento, o mais importante acesso ao saber esperado e todas as suas regras e procedimentos são valorizados. As professoras, por sua vez, são os símbolos do saber, da autoridade que vem deste saber e, por essa razão, quem melhor pode ensinar. Ainda não existe a possibilidade de questionar esse saber ou os procedimentos que a escola utiliza através das professoras.

Até aqui pudemos ver as idéias das crianças sobre o aprender. No próximo segmento, vamos observar as noções sobre a ação complementar: ensinar.

2. O que pensam as crianças sobre o ensinar

ensinar – do latim *insignare* / *V.t.d*. 1. Ministrar o ensino de; transmitir conhecimentos de; instruir; lecionar. 2. Transmitir conhecimentos a; instruir, educar. 3. Dar ensino a; adestrar, treinar. 4. Dar a conhecer; indicar. 5. Dar ensino a; castigar, punir *T.d.e i.* 6. Ministrar ensino; transmitir conhecimentos; lecionar. 7. Dar ou mostrar como ensinamento; fazer conhecer. 8. Ensinar (7). 9. Ministrar ensino; dar aulas; lecionar. 10. Pregar, doutrinar. 11. Aprender por si.

Os diversos significados da palavra *ensinar* estão, em sua maioria, ligados ao papel de um outro que transmite, instrui ou educa, ainda que se possa aprender por si mesmo. Existe tam-

ANÁLISE DAS ENTREVISTAS

bém, nessa definição, uma menção ao castigo como uma das formas de ensinamento ainda bastante presente na nossa sociedade. Os conceitos de ensinar e aprender estão intimamente conectados, mesmo que em muitos momentos seja bastante difícil delimitar quem faz o quê. É interessante notar que na língua francesa essa inter-relação se torna mais explícita, uma vez que o verbo *apprendre* significa tanto ensinar como aprender, o que é coerente com determinadas teorias atuais de aprendizagem.

Esta relação entre ensinar e aprender para as crianças entrevistadas pode ser interpretada, a princípio, através de três questões da entrevista. Discutiremos, neste momento, as **questões 5, 6 e 8**, que perguntam, respectivamente:

- *Quem pode ensinar? O que precisa para alguém ensinar?*
- *Você já ensinou? Como foi? O que você fez?*
- *De que jeito a gente tem que ensinar para alguém aprender?*

Todas as crianças afirmam que as professoras e os pais podem ensinar; são citados também os irmãos, a avó e a diretora; apenas uma criança cita *"um aluno que sabe mais"*. Todas dizem, de alguma forma, que *"para ensinar precisa saber"*, embora nem todas verbalizem essa idéia explicitamente.

Várias crianças se referem a procedimentos didáticos como forma de ensinar:

Vanessa – ...faz eles escrevê no caderno deles.

Ed Carlos – ...tem que mandá ela lê.

Renato – nóis vai, pega uma folha, vai fazendo assim, adepois mostra pro colega, o colega copia, daí o colega fica forte, passa de ano.(...) Elas fica escrevendo coisa depois ela apaga e nóis escreve e ela faz continha de tirá, ela coloca seis tira seis eu coloco zero.

Anderson – ...eles dita palavras para as criança escrevê, pra vê se eles acertam.

Gisele – ...elas passa na lousa e lê e depois ela fica calada e nóis fala e lê aquilo que tá lá na lousa.

> *Susy* – ....precisa falar para olhar na lousa e vê o que está escrito.

Os procedimentos mencionados pelos alunos parecem mecânicos, destituídos de significado, nunca partilhados com o outro; no entanto, revelam uma ordem explicitada pelo adulto que de algum modo faz com que as crianças acreditem que estão aprendendo pelos sinais, posturas e por todo o contexto colocado na sala de aula.

Não há indicação da necessidade de saber para quê se aprende determinado conteúdo, embora quando definam o que é aprender, discutam, prioritariamente, a função do saber. Existe uma escuta, uma espera que marca a relação: *"em seu fundamento, a função da escuta revela o aspecto latente, arcaico do ato pedagógico; ela remete à imagem do professor encarnação do saber e de seu domínio, e leva à identificação como incorporação, como fundamento do ato de aprendizagem, da maneira como os professores gostariam que o ato pedagógico se baseasse"* (Filloux, 1974, p.227).

As regras implícitas da sala de aula são uma indicação de que a aquisição do saber se dá de determinada forma, que é esta – olhar, prestar atenção, copiar, escrever, fazer contas – e não outras formas, como jogos, leituras, produções de texto, etc. que certamente estes alunos faziam em alguns momentos de suas atividades em sala de aula. Todos esses comportamentos mencionados são orquestrados pelo professor.

Quando as crianças se referem a formas que elas próprias utilizaram para ensinar outras pessoas, remetem-se também a procedimentos, mas indicam atitudes.

> *Francimara* – Eu ensinei: "Vito não escrito na bunda do mosquito" pra minha prima. Eu fiquei pensano, aí eu ensinei pra ela.[3]

> *Reginaldo* – Eu ensinei minha mãe a mudá canal de televisão. Ela mandava eu ligá ou às vezes minha vó. Agora eu acho que ela já sabe, ligá a televisão, mudá os canais, tirá a voz.

---

[3] A parlenda verdadeira é "Vi teu nome escrito na bunda do mosquito", a aluna repete como compreendeu.

Vanessa – Tem umas menina que é pequena e que nós vai ensiná elas de escolinha...fazeno elas escrevê no caderno delas.

Ed Carlos – Ensinei pra minha irmã escrevê o que ela não sabe. Ela me fala pra mim escrevê pra ela, aí eu vô e escrevo pra ela. Ela me explicô e eu escrevi.

Renato – Eu ensino pros meus amigos, o Ricardo, eu falo: Ricardo você fica quieto senão você vai levar suspensão pra depois a tia vai brigar com nóis.

Tatiane – Eu ensino a lê. Quando eu brinco de escolinha, chamo as criança lá perto da minha casa, pra eles ficá, aí passo a lição, passo A B C, a unidade pra eles. Não só assim como eles aprende, eu aprendo também que eu tô lembrando.

Anderson – Eu ensinei pra minha irmã a se comportá na sala. Eu falei pra ela que tem que ficar quieta dentro da sala e obedecê a professora.

Gisele – Ensinei pra minha prima de menó, pra minha amiga e pra outra prima...o abecedário, e ela leu o gibi e depois eu falano numa hora e depois ela falano noutra hora. Eu mandei ela ir falano as letras, eu mostrano com o dedo e mandando ela lê as letra pra ela aprendê.

Gislene – Ensinei pro meu primo que tem 12 anos e não sabia de nada. Ensinei ele a escrever, como pegá no lápis, que ele pegava assim ó, rabiscava...

Carlos – Nóis num pode bagunçá na escola e se for pra ir pra escola, nóis vai bem na escola.

Susy – Eu ensinei meus primo assim, ele bate a cara, aí a gente fala "já", aí depois ele vai e veio vê aonde que a gente tamo.

Os procedimentos ressaltados pelas crianças durante seus próprios ensinamentos envolvem falar, mostrar, explicar, aconselhar, repetir, fazer. Mas envolvem também as atitudes de quem ensina. Percebemos que as mesmas regras colocadas em sala de aula podem se repetir nas brincadeiras das crianças, num jogo de imitação.

Vygotsky afirma: "...*No desenvolvimento da criança, pelo contrário, a imitação e o aprendizado desempenham um papel importante. Trazem à tona as qualidades especificamente humanas da mente e levam a criança a novos níveis de desenvolvimento*" (1989-A, p.89).

As atitudes e os comportamentos apreendidos no contexto da sala de aula, ao longo do ano escolar, acabam por gerar um repertório de representações das situações de aprendizagem que "recheiam" a formulação de um conceito de aprendizagem. A própria repetição dessas atitudes, exclusivas e de "propriedade" da escola, define, para os alunos, o que é aprender: os gestos, a rotina, o olhar possuem significados que vão sendo internalizados.

Tatiane faz menção ao aprender com o aprendiz – a retroalimentação enriquecedora que a parceria promove na relação. Francimara explicita o seu pensar antes de fazer, demonstrando a necessidade da reflexão, da parada em que se interioriza e se busca o que vai ser ensinado. Nesse sentido, parece que Tatiane vai além do modelo escolar, extraindo idéias de sua própria experiência.

Outras respostas ainda mostram como se deve ensinar:

Francimara – Quietinho, cala a boca! ou fechá a boca e ouvi.

Reginaldo – Tem que pegá na mão dele...colocar o lápis na mão dele, pegá na mão, escrevê, ensiná ele fazer um desenho, escrevê.

Vanessa – Ensina quando a gente vai lê alguma coisa, manda eles lê.

Anderson – Tem que mostrá o que tem que fazer e depois corrigí pra pessoa aprendê. Vê se tá certo ou errado.

Gislene – Explicando, por exemplo, A E I O U, fazendo de pinguinho pra ele passar por cima, aí ele vai aprendendo.

Susy – Manda pegá a cartilha e depois fica mostrano o que tem.

Tatiane – Eu acho que a gente num pode ensiná a pessoa, assim com raiva, xingando, aí a pessoa fica com medo, faz as coisa errada... tem que ser é alegre.(...) Eu acho também se a gente ensina com carinho, que eu acho que isso é um ato de amô.

Percebemos que as crianças ressaltam atitudes que pressupõem um olhar atento de quem ensina ou aprende, mesmo que seja para repetir ou mostrar aquilo que se deseja ensinar. De alguma forma, acreditam que deve haver uma indicação, uma **enunciação** da tarefa a realizar – o que é esperado que eu execute – mesmo que o "para quê" não fique explicitado. A enunciação marca as funções e as posições de cada um, dando o sinal que permite a aprendizagem.

> *O conhecimento não pode ser transmitido de chofre, imediatamente; não se pode proporcionar ao sujeito "O Conhecimento"; tem que se dar um sinal, um signo do conhecimento para que o sujeito possa recriar o conhecimento que está no outro. Recriar é apropriar-se. Apropriar-se através de certas estruturas que se encontram no sujeito, estruturas estas capazes de captar o sinal, o signo e generalizá-lo, ampliá-lo para que se transforme novamente em conhecimento* (Pain, 1984, p.3).

Os exemplos citados acima, especialmente pegar na mão, mandar ficar quieto ou ensinar com paciência e alegria, referem-se a um "como" a relação se estabelece: na **proximidade** do contato físico, quase um carinho, que direciona a mão do aprendiz para o saber, indicando o caminho corporalmente. Na **autoridade** que organiza e põe ordem, para que se escute o que quem sabe tem a dizer; na **paciência** solicitada pela criança quando afirma que, para aprender, é preciso não temer e pede que o prazer de ensinar seja demonstrado pelo professor. O <u>afeto</u> é solicitado através da atenção, do olhar que confirma a existência do aluno em sala de aula, estimula-o a avançar e lhe dá a percepção de sua identidade.

Mas as crianças solicitam, também, a autoridade do professor bastante definida, indicada, tanto por sua experiência, já que é adulto e mais velho do que eles, como porque, sendo professor, tem um saber circunscrito ao seu papel.

Observaremos, agora, o que os alunos pensam sobre suas professoras.

2.1. O que a professora sabe

As crianças falam explicitamente do saber do professor quando respondem as **questões 14** e **15** da entrevista:

14. *Tem alguma coisa que a criança sabe e o professor não?* **14a.***O professor sabe coisas que a criança não sabe?*
15. *O que a sua professora sabe?*

Suas respostas seguem resumidas no quadro IV da página seguinte.

Observamos que, das doze respostas, cinco crianças não acreditam que possam saber mais que os adultos, três pensam que seus professores não sabem assuntos do universo infantil (brincar, xingar ou deixar de tomar banho) porque são adultas e duas acham que as professoras não podem saber sobre seus assuntos pessoais, como os segredos, a idade ou estatura de cada um. Apenas uma criança acha que seu saber é igual ao do professor.

Para essas crianças, há grande distância entre o mundo adulto atual e a infância de suas professoras que ficou lá atrás, ou seja, a assimetria é bastante marcada. Além disso, as duas crianças que respondem que os segredos ou as informações pessoais são desconhecidos das professoras abrem dois caminhos de leitura. Por um lado, podemos entender que as crianças possuem conhecimentos privados e resguardados, em que o acesso só se dá com o próprio consentimento. Nesse sentido, podemos entender o segredo como um resguardo da individualidade, importante para a autonomia da criança. Por outro, pode-se também ler uma queixa: o professor não sabe da criança, desconhece-a como pessoa concreta, que possui um segredo, um tamanho e uma idade pessoais, singulares, o que a diferencia do conjunto da classe.

É nítida, na percepção dessas crianças, a autoridade de suas professoras, pois todas respondem que a professora sabe muito ou tudo, devido a sua experiência, adquirida ao longo da vida e por causa de seu próprio papel.

ANÁLISE DAS ENTREVISTAS

Quadro IV

perguntas alunos	14	14a	15
Francimara	Criança sabe igual ao adulto	Sabe	A professora sabe gritar, bater, contar, ler, escrever, sair com a filha, dirigir
Reginaldo	A criança sabe brincar (de bola/palitinho). O professor não sabe ou pode ter esquecido	Sabe	Professora sabe ler, escrever (cartão, livro) fazer trabalhos manuais, pintar, escalar uma montanha
Vanessa	Não compreendeu as perguntas	—	—
Ed Carlos	Criança sabe quanto mede e que idade tem	Sabe	Um monte de coisas, Português, Matemática, Ciências, contar de 1 a 1000
Renato	Criança sabe segredos	Sabe	A professora também sabe segredos. Sabe escrever (palavras, abecedário), ensinar, um monte de coisas
Tatiane	Criança sabe xingar e não tomar banho	Sabe	Professora sabe namorar, coisas de sexo, educar, ler, escrever, fazer amigos
Anderson	Não	Sabe	Professora sabe um monte de coisas, ler e escrever
Gisele	Não	Sabe tudo	Professora sabe Português, continha, ler, escrever, arrumar a cama, limpar azulejos e ajudar a filha
Gislene	Não	Sabe tudo	Professora sabe escrever rápido com letra de mão e de forma
Alessandra	Criança sabe brincar na rua	Sabe	Professora sabe leitura, escrever, ler, passar lição
Carlos	Não	Sabe	Professora sabe ensinar (diz aprender) as crianças, continha, Ciências
Susy	Não	Sabe	Professora sabe ensinar, ler, escrever

E quais são os saberes das professoras na visão de seus alunos? Todas as crianças enumeram conhecimentos ligados à sua função – ler, escrever, contar. Seis delas explicitam o ensinar como um saber da professora. Cinco crianças também se referem a assuntos da vida pessoal como um conhecimento da professora: tarefas domésticas, trabalhos manuais, cuidar dos filhos, dirigir automóvel e fazer amigos. Duas crianças ressaltam assuntos privados, como os segredos ou aquilo que não se deve falar às crianças.

Como podemos observar, o professor ocupa, na relação com o aluno, um lugar de relevância que seu próprio papel delimita. Esse é um lugar de poder que o saber, a experiência e principalmente o afeto de seus alunos lhe confere.

O aluno, ao depositar no professor suas expectativas, medos, seu sucesso ou felicidade, coloca-o numa instância idealizada, que mantém e assegura este poder. Nesse sentido, seria essencial garantir que a influência que o professor exerce, oriunda do amor nele depositado e da admiração pelo seu saber, se fundamentasse, de fato, nessa autoridade – na e pela qual ele está aprisionado – e que ela fosse consciente e explicitada. É tarefa do professor a regulação e normatização desses vínculos e, naturalmente, a responsabilidade do poder que lhe é outorgado.

A esse propósito, Chiland, apoiando-se nas conclusões de um estudo realizado longitudinalmente com 66 crianças de 6 anos[1], afirma: *"O destino escolar das crianças é praticamente fixado ao fim do primeiro ano de escolaridade primária, de 6 a 7 anos"* (1978, p.28). Nesta pesquisa, nenhuma das crianças que fracassou no primeiro ano escolar pode prosseguir estudos secundários longos. Esse resultado depende do nível intelectual da criança, mas a níveis equivalentes de QI, o fracasso escolar das crianças se relacionou ao nível sócio-cultural familiar. *"Com um bom nível intelectual e uma família de nível sócio-cultural elevado, a psicopatologia da criança, mesmo bastante acentuada, só entrava o sucesso escolar a partir dos estudos secundários."*

No caso das crianças com comprometimento emocional grave, estudadas nesta pesquisa, Chiland diz ainda: *"Com frequência, a ligação positiva com um professor desempenhou um papel salvador;*

---

[1] Das quais 59 foram acompanhadas até o final de seu período de latência e 2/3 até 21 anos.

ter bons professores dá ao período de latência uma importância menos espetacular, menos barulhenta que na adolescência, mas tão quanto ou mais fundamental."

Além do estudo de Chiland, é interessante ressaltar um outro estudo francês sobre o fracasso escolar cujos resultados apontam que, no nível do Curso Preparatório (CP – 6 anos), a influência do professor é mais forte que a da origem social da criança, e que este "efeito-professor" permanece pelo menos por dois anos; isto é, alunos que tiveram um bom professor na classe de alfabetização têm melhor desempenho dois anos mais tarde.

Esses estudos são um exemplo de que, neste período, a escola é fundamental enquanto instituição social e as relações que propicia, especialmente com as professoras, são realmente significativas e marcantes no desenvolvimento pessoal e escolar do indivíduo.

A palavra agora é das professoras que, se não são o foco desta análise, trazem importantes contribuições para a compreensão desta relação fundamental.

3. Afinal, qual o papel do professor?

Para investigar quais as concepções das professoras acerca de seu papel transcreverei alguns fragmentos das entrevistas realizadas com as professoras (Anexo: Roteiro da Entrevista com Professores). A análise das entrevistas não pretende abarcar todos os assuntos abordados, mas procurar aqueles que de alguma forma se contrapõem ou se complementam às idéias dos alunos.

> **E.** – Nesses anos que você tem trabalhado com alfabetização, como é que você acha que a criança se alfabetiza?
> **Branca-** Eu acho que, pode ser chavão, né? Mas realmente com a experiência dela, com a vivência dela. E com a ajuda do professor. Se ela tivesse um pai que fizesse o trabalho que o professor faz, de dar ajuda, atenção, carinho, orientar, de mostrar o que o professor mostra numa sala de aula, isso alfabetizaria do mesmo jeito. Então eu acho que é por ela mesmo. Como tudo, né? Com o aprendizado...
> **Elisa** – Bem, então, se alfabetiza assim, a partir da...dela começar a sentir que ela escreve o que fala, que as palavras são compostas de letras que se juntam e formam a palavra, né? Sem que elas estejam preocupadas exata-

mente com o A E I O U, e que não é por aí. Acho que é bem isso. É uma coisa tão automática e tão assim, surpreendente, que quando a gente percebe, têm três, quatro alfabéticos e você nem estava investindo, sentindo. E de repente...é muito bonito!
E.- O que você considera mais importante para que a criança aprenda a ler e escrever? Você tinha falado numa ajuda que o professor dá. Será que é essa ajuda ou...
Branca – Não, não, eu acho que é uma coisa dele. Ele tem que sentir a importância do que está fazendo. A proposta, a finalidade daquilo. E, sei lá, pode ser... querer, ter vontade de escrever um bilhete, ou ler um...alguma coisa que lhe interesse. De alguma forma, aquilo tem que ser muito importante para ele. Ele tem que entender para que serve realmente, né, e dar importância para isso.
Elisa – O mais importante é exatamente essa coisa de você dar condições dele trabalhar juntamente com os outros, de estar consultando o colega, de estar conferindo, comprovando se o que ele fez está certo, sabe, e ter mil e uma condições. Minha primeira série tem bastante revista, esta semana levei coisinha de revistinha lá, pra que eles tenham condições de estar vendo palavras, porque eles não têm em casa! Porque o aluno de boa condição sócio-econômica e financeira, se alfabetiza mais rápido? Porque ele tem mil e um livros.
E. – E qual a função do professor aí?
Elisa – A função do professor, pra mim, é só ajudar. Ajudar sem impor, sem ansiedades, sem aquela cobrança, sabe? Pra mim é isso... é a coisa mesmo de ser o... aquele que coopera, não sei se direta ou indiretamente. Pra mim, mais indiretamente.
E.- Indiretamente você diz, assim dando estímulo, incentivando, é isso?
Elisa – É, exatamente. Porém, sem estar dizendo – "olha você tem que fazer isso!" – sabe? Aquela coisa de estar pedindo mas não... Por exemplo, um ditado. Quando eu vou dar o ditado, eu sempre digo assim: cada um vai escrever do jeito que souber. Então, lógico, eu estou dizendo pra ele, que se ele escrever, ele vai escrever.

ANÁLISE DAS ENTREVISTAS

Porém, aquele que ainda não sabe, ele vai escrever também, da mesma forma. Não tem aquela cobrança de dizer: "olha, você errou, isto aqui está certo", se está errado. Eu vou acompanhando por trás dos bastidores. Estou sempre acompanhando, mas não tem aquela coisa de estar cobrando, "vem cá, você não fez certo, você errou".

Esta primeira questão colocada às professoras se desdobra em duas perguntas que investigam a visão que elas têm de como seus alunos aprendem, especificamente, a ler e escrever.

A professora Branca afirma que a criança aprende através da sua vivência, por si mesma, e com alguma ajuda do professor. Acredita que a função do professor poderia ser substituída pelos pais, desde que estes tivessem uma postura de atenção e orientação, como a que a professora tem em sala de aula.

Se o professor pode ser substituído por outro adulto que oriente e dê atenção, podemos entender que os atributos que possam fazer dele um professor não são relevantes neste caso, pois teoria e técnica não são essenciais ao papel, uma vez que, com alguma ajuda, qualquer criança aprende. Qual seria então o ofício de professor?

Branca afirma, ainda, ser essencial para o aprendizado que a função e finalidade do que se aprende estejam claras. A professora Elisa, por sua vez, entende que o aprendizado da alfabetização se dá quase que automaticamente, quando a criança percebe que o que se fala pode ser escrito e que a escrita é feita de letras que formam as palavras.

Apesar de Elisa conhecer a psicogênese da língua escrita e concordar com o processo de desenvolvimento por que passam as crianças, dá a idéia de que o aprendizado se dá por si mesmo, independente do investimento do professor.

Elisa coloca, num segundo momento, a necessidade da interação entre crianças em sala de aula, do aprendizado com o outro, o parceiro da aprendizagem. Ressalta também o contato com diferentes portadores de escrita e, de maneira geral, com o objeto de conhecimento. Quando é perguntada sobre o papel do professor neste processo, afirma que é de auxílio à descoberta, demonstrando uma concepção de professor facilitador, "por trás dos bastidores", aquele que oferece, coloca-se à disposição mas não cobra de maneira direta, deixando que o aluno aprenda através dos contatos que possa fazer com o ambiente. É importante lembrar que a classe de Elisa refletia essa postura – a falta de centralização e certa desordem que constatei podem ser indícios de uma posição *laissez-faire*.

Observamos que, nessas primeiras colocações, Branca e Elisa têm como pano de fundo de seu trabalho uma concepção de sua função como auxiliares de uma aprendizagem que se dá por si mesma. Parece que substituem, pelo espontaneismo, atitudes assumidas pelo professor consideradas, hoje, indiscriminadamente como autoritarismo.

Excluem o professor enquanto agente do processo de ensinar, minimizando suas possibilidades de intervenção. Branca e Elisa compreendem o processo de desenvolvimento da criança numa vertente bastante maturacional, usando mesmo expressões que revelam o espontaneismo da aprendizagem – "de repente", "automaticamente", "quando você vê". Observamos que as próprias professoras dissolvem, diluem seu papel de ensinar, e a interação que tentam promover é casual, como se bastasse agrupar crianças e trazer material escrito para que o aprendizado ocorra.

Entretanto, as professoras ressaltam dois aspectos importantes do aprendizado: a função social da escrita e a interação, revelando que têm a intenção de levar para a prática a teoria que aprenderam. Mas, como vimos através das respostas das crianças, não foram esses dois aspectos que mais marcaram as crianças. Nas falas de Branca e Elisa, o professor coopera indiretamente e parece necessitar muito mais de recursos afetivos que técnicos.

As respostas à segunda questão explicitam o caráter afetivo dessa relação. Vejamos as colocações que se seguem:

E. – Para você o que é um bom professor?

Branca – Ai meu Deus! Eu só consigo ver um bom professor e saber que ele é bom quando ele consegue amar os alunos que ele tem. Eu acho que se ele consegue amar os alunos que ele tem do jeito que eles são, ele certamente será um bom professor. É lógico que ele tem que ter os pré-requisitos de professor, né?

E. – Que seriam o quê?

Branca – Uma formação adequada, né? Saber que é aquilo mesmo que ele quer, não estar por acaso. Isso tudo que nós já falamos antes. Mas acima de tudo ele não ter preconceito, sabe? De acreditar no que ele tem que acreditar. Então ele tem que amar mesmo, sabe? Daquele jeito que está é ali, é aquilo, né? Ele amando ele está ali, está aberto para tudo e pra ajudar mesmo. É eu acho que é ... ele tem que saber amar o aluno.

E. – Para você o que é um bom professor?
Elisa – Para mim é aquele que se preocupa em ser primeiramente amigo do aluno. Conquistar o aluno. Isso é primordial e, conseqüentemente, se ele é um bom amigo ele vai promover, não tenho dúvida, promover a aprendizagem do aluno de qualquer forma.
E. – Uma relação afetiva primeiro?
Elisa – É, primeiro. Pra mim essa é a grande preocupação que o professor deve ter, sabe? Aquela coisa do professor... Eu estive bastante preocupada quando o professor fala assim: "ah, o aluno comigo não tem vez." Pra mim isso é muito taxativo, sabe? Bem aquela coisa do professor querer distância do aluno. Porque se ele é carente, ele precisa de alguém em que ele possa se apoiar. Pra tudo, né? Isso independe da idade, sabe? Porque eu também já fui professora de adultos.
E.- E a respeito da teoria, você acha que é menos relevante nesse caso?
Elisa – Não, não, a teoria, ela tem que estar aí, precisa estar... dentro do bojo dessa coisa toda. Ela tem que aflorar porque senão fica o puro fazer por fazer... o professor precisa ter essa teoria para dar certo. Precisa saber como conduzir esses alunos para que aprendam. Senão, como é que fica? Agora, não aquela coisa do ponto na lousa, do "você tem que fazer", "você tem que aprender". O que aprendeu, aprendeu, o que não aprendeu ficou pra trás, também não é por aí.
E.- Por isso que você acha que a relação afetiva é que tem...
Elisa – Que quando o aluno gosta do professor, quando ele sente uma necessidade muito grande de fazer algo para satisfazer o professor, e esse algo o que é? Exatamente a teoria que ele dá, que o professor está dando. Ele sente a necessidade de corresponder de alguma forma. E é por aí.

As respostas das professoras falam por si. A professora Elisa afirma categoricamente que é preciso conquistar a criança, fazendo-a gostar do professor para que, a partir dessa condição, a criança corresponda àquilo que o professor deseja – o aprendizado do aluno. Mesmo quando a professora explicita a importância da teoria, é ainda num tom afetivo – a teoria aflora na prática – e contrapõe uma forma de trabalho tradicional (a obrigação, o ponto na lousa, o descaso com o caminhar do aluno) ao que chama de teoria, que seria a condução do aprendizado.

A professora Branca é ainda mais enfática ao ressaltar os aspectos emocionais deste vínculo. Esse amor superlativo, incondicional, quase o sacerdócio, tão discutido em educação, é a mola mestra do trabalho.

Embora Branca acredite que o professor deve ter uma formação adequada e saber o que está fazendo na escola, aspectos bastante ressaltados no restante da entrevista, quando é solicitada a sintetizar sua visão de bom professor, esses atributos são secundários ao amor pelo aluno.

Portanto, sem minimizar a importância de se ter prazer pelo que se faz e de olhar o aluno a partir do que ele é, sabemos que o amor não é capaz de solucionar as incompetências, as faltas e as falências pessoais ou institucionais.

Como vimos, a posição destas professoras, provavelmente compartilhada por muitas outras, se dirige para três focos:
– O afeto é determinante, essencial e condição para o aprendizado.
– É função do professor amparar a criança em seu aprendizado.
– A aprendizagem da criança é construída por ela mesma, mas a interação com os pares é importante para o aprendizado.

Apesar de as perguntas colocadas às crianças não serem as mesmas feitas às professoras, há correlações importantes de se analisar. Ao confrontarmos as falas das crianças e professoras, notamos, num primeiro olhar, que cada um dos grupos sublinha como importantes aspectos diferentes.

Quando as crianças enumeram o que as professoras sabem, referem-se, unanimemente, a conteúdos pedagógicos ou à função de ensinar. Por sua vez, as professoras enfatizam os aspectos emocionais da relação e não mencionam o ensinamento, nem a transmissão de conteúdos.

Temos então, de um lado, as professoras com uma demanda afetiva, pessoal, privada, querendo oferecer o afeto como base da relação e, na outra face, os alunos com uma demanda pedagógica, pública, querendo aprender, valorizando os conteúdos e a função social do professor.

Naturalmente que o esforço das professoras não é em vão, pois muitos de seus alunos se remetem a aspectos pessoais da professora ou a aspectos de sua vida privada, talvez como uma resposta ao que elas pretendem transmitir. As professoras garantem na escola uma relação afetiva forte (e importante) com as crianças, expressa com clareza por Tatiana: *"as professoras vêm sempre feliz, contente com as crianças (...) se eu entrá na escola, ela sabe fazer amizade grande com as pessoas"*.

Todavia, não haveria, então, um equívoco, um desencontro de expectativas? Será que aquilo que a professora dá é o que os alunos precisam e solicitam?

É importante lembrarmos algumas idéias de Wallon, já expostas anteriormente. Vimos que para o autor, afetividade e cognição, ao caminharem num funcionamento recíproco, alimentam-se mutuamente. *"Desta forma, o grande desafio posto à ação educativa é a compreensão de que existe uma evolução também na história da afetividade"* (Dantas, 1993, p.75).

Se, no início da vida, as trocas afetivas passam pelo corpo (o olhar, os carinhos, a voz, etc) *"com o advento da função simbólica que garante as formas de preservação dos objetos ausentes, a afetividade se enriquece com novos canais de expressão. Não mais restrita à troca dos corpos, ela agora pode ser nutrida através de todas as possibilidades de expressão que servem também à atividade cognitiva. Se a inteligência se confundia com afetividade na etapa anterior, agora ela vai se 'cognitivizar', se for permitida tal expressão. Formas cognitivas de demonstrar afeição surgem: o ajuste fino da tarefa às possibilidades do aprendiz, a atenção dedicada a ele. (...) A função categorial modificará ainda mais substancialmente as exigências de troca afetiva: noções de justiça e igualdade, as demandas de respeito de uma personalidade agora diferenciada, poderão, quando não atendidas, despertar o sentimento de se mal-amado. As manifestações epidérmicas da 'afetividade da lambida' se fazem substituir por outras, de natureza cognitiva, tais como o respeito e a reciprocidade"* (ibid., p. 75).

Parece-me que as crianças pedem para ser ensinadas e não só apoiadas em suas descobertas, como acreditam suas professoras. Além disso, as professoras demonstram querer ser amadas como pessoas e não pelo seu papel, isto é, desejam que seus alunos aprendam por amor a elas e não ao conhecimento, ao saber, ao próprio aprender. Os alunos também querem ser amados mas querem poder cumprir sua função.

As professoras, ao inverterem seu papel, acabam por informalizar a relação que é formal pela própria circunstância. Haveria algo em comum entre essa informalidade e o fato de aceitarem e mesmo incentivarem que as crianças as chamem de "tia"? E o que significa essa desaprovação que se vê hoje em dia, em certas escolas municipais especialmente, de proibir esse tratamento de "tia" que foi justamente estimulado tantos anos?

É através da autoridade do professor (proveniente de seu saber), tão relevada pelas crianças, que se dá a aprendizagem, pois a ele cabe « levar » as crianças ao conhecimento, tendo a finalidade da autonomia do pensar e do fazer de seus alunos.

> *Chauí (1980) afirma que o verdadeiro professor é aquele que tem claro que sua tarefa é a de atuar como mediador no diálogo que o aluno deve manter com o pensamento e com a cultura corporificada nas obras e práticas sociais. Para tanto, é preciso que ambos – pensamento e cultura – se expressem na linguagem e nos gestos daquele que ensina de forma que sem conhecimento não há como haver professor* (Davis & Luna, 1991, p.69).

A autoridade do professor é legitimada pelas crianças a todo momento do cotidiano escolar e não é possível se furtar dessa situação institucionalmente colocada. Como foi dito anteriormente, as crianças participam das regras, deveres, objetos e relações no cotidiano da escola. Para elas, *"as funções da autoridade não são distinguíveis de suas atividades"* (Castorina, 1992, p.17), pois o dia a dia da classe reitera a autoridade do professor. E além dos atos cotidianos que confirmam os papéis a cumprir, há o conhecimento que, em última análise, é o que se busca na escola.

Considerando o papel da escola como o de formação e informação, a intervenção (do latim *intervenire* – vir entre) do professor caminha no sentido do equilíbrio e da mediação: entre o indivíduo e o conhecimento, entre o individual e o social, a família e a escola, o saber e o não saber, manejando os aspectos emocionais e cognitivos dessas relações.

Esse difícil trabalho que o professor deve executar foi bem

expresso por Winnicott: *"Um bom ensino exige do professor uma tolerância das frustrações em sua espontaneidade de dar, ou alimentar frustrações que podem ser agudamente sentidas. A criança, ao aprender a ser civilizada, também sente, naturalmente, frustrações de uma forma aguda, é auxiliada a tornar-se um ser civilizado, não tanto pelos preceitos do professor como pela habilidade própria deste para suportar as frustrações inerentes ao ensino"* (1985, p.228).

Portanto, Branca e Elisa têm razão quando afirmam tão enfaticamente que é importante que o professor goste de seus alunos e que os alunos gostem do professor. O problema que se coloca é que esse gostar não é só e incondicionalmente amar, é perceber o outro enquanto sujeito e agente do processo e, nesse sentido, o que se negocia não é somente amor e sim uma série de outras emoções, idéias, expectativas que são atualizadas na sala de aula entre seus protagonistas.

Um outro aspecto da entrevista interessante de ser ressaltado é a posição das professoras a respeito dos pais em sua relação com a escola. A professora Elisa acha que existe uma ansiedade do aluno em aprender, somada à dos pais e familiares, que pode atrapalhar o processo de alfabetização, mas percebe que não são todas as crianças ou famílias que atuam dessa forma. Existem famílias que nem mesmo percebem que a criança já se alfabetizou.

Já a professora Branca faz comentários em uma outra direção. Ao ser questionada sobre os problemas da educação no Brasil hoje, Branca acha que tanto os professores quanto os pais têm uma posição comodista com relação à educação – o professorado não acredita no que faz e os pais colocam seus filhos na escola *"porque a criança está em idade escolar, porque se usa colocar na escola, porque é cômodo, porque é seguro..."*. Acredita que, em geral, as famílias não têm uma preocupação com o aprendizado e também compartilha das idéias de algumas crianças com relação ao papel da família: *"Tanto que eles acham (os pais) que educação eles aprendem na escola. E não vão aprender educação na escola. Eles vão aprender em casa e a escola vai reforçar, né? Vai ajudar um pouco melhor, talvez... complementá-la. Eles têm uma concepção já errada dentro de casa a respeito da educação."*

Branca, portanto, diferencia a educação que se aprende em casa da educação escolar da mesma forma que seus alunos e reclama que à escola não cabe dar a educação que se dá em casa.

Ambas as professoras afirmam que são leitoras inveteradas e, ao serem questionadas sobre a importância do professor alfabetizador ler e escrever, respondem:

> **Elisa** – Ah, precisa, precisa. Principalmente ler tudo o que diz respeito à alfabetização né? Por exemplo, eu sou tão fanática por livros que nos esclareçam sobre esse tipo de coisa e, se eu não posso comprar o livro, a apostila, eu peço emprestado, eu tiro xerox, mas eu leio mesmo. Leio e releio. Eu procuro, sabe, eu tenho um calhamaço de apostilas assim, que quando eu ..."mas eu sei que tenho isso, deixa eu procurar", sabe, aquela coisa, quer dizer, uma necessidade que eu sinto. Muito grande. E acho que o professor alfabetizador, principalmente, deveria sentir esse tipo de necessidade, sabe?
> **Branca** – Você não pode ensinar nada pra ninguém que você não goste de fazer. Você não consegue ensinar. Tem que saber fazer aquilo. Saber fazer, saber gostar também. Sem dúvida.

Professoras que gostam do que fazem e que gostam muito de ler e escrever. Alunos que não percebem claramente qual a função da escrita. O que ocorre? Seria arriscado afirmar que realmente seus alunos não percebem a função da escrita, pois temos apenas seis alunos de cada classe, porém, se não é possível generalizar, pode-se questionar e supor.

A paixão dessas professoras pela leitura não chegou **nesses** alunos. De certa forma, isso parece estranho uma vez que um indivíduo que é leitor inveterado e apaixonado exala sua paixão pelo seu objeto de amor. Não tenho dúvida da honestidade das professoras ao responder às questões, sobretudo porque me interessa o que é verbalizado, a realidade do que passa através da linguagem. Se as boas intenções de trabalho e o apreço à leitura são as mais sinceras, parece que o que ocorre na sala de aula não reflete esse desejo, restando então a hipótese de que não sabem como fazer.

Uma paixão pela leitura não passa pelo estatuto, freqüentemente repetido, de que "é preciso ler, que ler engrandece a alma, abre horizontes". O prazer pela leitura se transmite através do compartilhar do prazer de ler, de descobrir junto, especialmente em um momento em que as crianças têm ainda muita dificuldade de dar conta de uma leitura sozinhas. O mesmo se dá com a escrita – o aluno precisa se apropriar do ato de escrever inteiro, sabendo para quem e porque escreve, pois isso representa um estímulo para que supere suas dificuldades. Se a aprendizagem pode ser uma troca, mesmo que em moedas diferentes, ela é alimento.

Neste sentido, o professor funciona como o recipiente do conhecimento e, utilizando uma metáfora de Winnicott, tem com a criança uma relação de retroalimentação. O adulto-educador alimenta seus alunos do desejo de aprender, instiga a curiosidade, estimula o raciocínio, dirige o prazer ao conhecimento. Usa, para tanto, vários mecanismos: organiza, sistematiza, planeja, avalia, decide quando é preciso dirigir ou se deixar levar, o que significa regular, interditar, formalizar.

Isto significa que, junto com conteúdos e currículos, uma interação de caráter emocional extremamente forte está atualizada em sala de aula. Professores e alunos estão em constante troca, ambos têm que abdicar de desejos e trazer para a convivência coisas a dar e a receber para que efetivamente algo se crie. No entanto, essa troca é a princípio assimétrica, pois, para que se configure uma relação de aprendizagem, faz-se necessário que exista alguém que ensine e alguém que aprenda, para que, com o passar do tempo, haja maior simetria na relação.

Essa é uma das faces na qual reside a autoridade do professor; essa autoridade precisa ser usada com conhecimento e sabedoria, sendo que seus fins não são a vaidade do poder que lhe é conferido, nem o afeto que lhe é depositado mas o compromisso da função de professor, base do respeito e da confiança na relação que se estabelece. Não há como aprender sem que esse vínculo de confiança seja estabelecido, sem que aquilo que a criança traz, vestido de dúvida ou de conhecimento, seja respeitado. O exercício da confiança é suporte da autoridade verdadeira e condutor da independência.

Tendo sua autoridade legitimada tanto pela confiança e pelo afeto como pelo conhecimento e pela sua transmissão, é possível que o exercício do papel de professor cumpra seu objetivo.

Naturalmente, muitos desafios se colocam nesse caminho. O professor precisa conhecer o que ensina e também como seus alunos aprendem. Entre ensinar e aprender pode existir uma ponte que não se transpõe se não forem garantidos, minimamente, esses dois lados. Não é necessário um professor que tudo sabe, pois aí residiria uma outra intransponibilidade, nem é preciso um lastro teórico vastíssimo de concepções psicológicas ou metodológicas. Isto porque boa parte do conhecimento vem da própria prática profissional que alicerça a teoria e a faz avançar.

> *"O exercício da autoridade requer o trabalho árduo e sistemático de um professor que, detendo o conhecimento, é engenhoso o suficiente em sua transmissão: conduz seus alunos a tomarem consciência de si, de seus deveres, direitos e responsabilidades, inicialmente no espaço escolar e, progressivamente, no meio físico e social em que vivem."* (Davis & Luna, 1991, p. 70)

Para que o aluno aprenda é necessário então que o professor, além de se utilizar de sua autoridade, também tenha compromisso com sua função, conhecimento dos processos de aprendizagem de seus alunos e do objeto que pretende ensinar. A confiança entre professores e alunos é assim garantida através do respeito estabelecido por ambas as partes.

É interessante ainda observarmos a posição das professoras sobre a questão da disciplina e de autoridade, através de comentários que fazem durante a entrevista:

> **Elisa** – Eu não fiz Pedagogia exatamente porque eu sempre... eu tenho consciência do que eu sou capaz. Não é capaz, eu digo, capacidade assim, competência. Eu não tenho capacidade, como pessoa, de conduzir, ou de estar exigindo de pessoas, de adultos, o que realmente precisa ser feito. Então por isso que eu não fiz Pedagogia, porque não dava para ser diretora, não dava para ser CP porque eu não ia cobrar nada de ninguém, sabe?
> **Branca** – Olha o que cansa mais é manter a disciplina. Eu não estou falando em ser soldadinho de chumbo, não, se bem que eu vou te falar... a hora que você entra num quartel, que você vê todo mundo super-organizado, aí digo: fica, passa um mês pra aprender como, né? Mas aí você vê, a punição é severa. Por isso que existe disciplina, né? Que você não pode fazer isso numa escola. E é o que eu falei antes: se você não tem disciplina em casa, você não vai aprender em quatro horas na escola. A esco-

la vai reforçar o que você faz em casa. Não adianta você batalhar. Olha têm momento para conversar, tem momento pra tudo. Se eles não têm momento pra nada, né? Eles não têm disciplina, uma hora de estudo, uma hora organizada, ou a própria organização do espaço físico dentro da sua casa. Então o que desgasta é você falar "por favor, pare de conversar", "é a segunda vez que estou te chamando". E são geralmente sempre esses que têm as maiores dificuldades, mas não se concentram, sabe? A concentração é parte de uma disciplina, não é verdade? São os que você quer puxar que percebam essas coisas, você está falando isso toda hora e eles continuam não percebendo, não querendo saber. E são realmente aqueles que você vê que passam um, dois, três, quatro anos para fazer uma série ou duas. Então, não é falta sua de vontade. É dele.

Vemos que as idéias de Elisa reforçam minha percepção sobre sua dificuldade em legitimar sua autoridade, que para ela é compreendida como autoritarismo. Para Elisa, cada um deve ser capaz de fazer o que é para ser feito; por essa razão, ela não gostaria de ter um cargo de comando, o que é bastante coerente com sua visão do aprendizado das crianças.

Já a professora Branca mostra exatamente suas dificuldades com a indisciplina, um desejo íntimo de ter uma organização mais formal, e sobretudo se exime de toda responsabilidade sobre as dificuldades de concentração de seus alunos. Além disso, podemos ver que Branca continua em um registro emocional – ter vontade ou falta de vontade – é o espaço do querer, do desejo de aprender, que parece vir com o aluno ou não, como se não pudesse ser elaborado na escola. Seu discurso parece indicar certo ressentimento, como se o aluno não valorizasse o que ela está dando.

A visão das professoras sobre a aprendizagem está em estreita relação com a percepção de seu papel, qual seja, o de dar afeto. Entretanto, a intervenção que deveria fazer parte desse papel não é considerada, pois a entendem como um desviar da rota "natural" do processo de aprendizagem do aluno. Intervir é ensinar, o que não significa também que toda intervenção é fator de aprendizagem.

Algumas questões importantes emergem de tais reflexões. Primeiramente, parece ser hora de questionarmos profundamente o tipo de trabalho pedagógico atualmente desenvolvido em muitos lugares do Brasil sob a bandeira "construtivista". Ao procurar se distanciar de práticas autoritárias, destituídas de sentido para as crianças, todo material estruturado foi combatido, toda proposta dirigida pelo professor foi rechaçada, toda correção virou ameaça e mesmo os trabalhos de "reforço" ou "recuperação" foram marginalizados porque cada criança aprenderá no seu tempo devido...

Quando se procura trabalhar a partir da "necessidade do aluno", corremos o perigo de deixar a decisão dos conteúdos de conhecimento nas mãos dos alunos e, com isso, isolá-los ainda mais em seu próprio mundo, quando eles querem (e deveriam) conhecer outros. A autoridade do professor, que como vimos é tão necessária nesse momento, cai na armadilha de um pressuposto teórico nem sempre bem manejado, no qual o aluno que pede o assentimento do professor, sua correção, seu saber, recebe de volta a afetividade deslocada, substituindo a cognição, a dúvida, a partilha da autoridade, a aceitação de tudo o que ele faz sob a insígnia do "faça como você souber".

Na tentativa de tornar a escola mais agradável, mais justa, mais adequada à realidade encontrada, o que é sem dúvida um grande mérito, jogamos fora a água do banho junto com a criança. Esquecemos que aprender é difícil e esse esforço é necessário; que o prazer advém de uma soma de desafio, esforço e conquista. E que se as crianças precisam do afeto do professor, porque boas relações com professores são determinantes no sucesso da aprendizagem, pedem-no enquanto atenção, mediação de saber e também com limites claros para poderem desempenhar o papel que lhes cabe.

Retomando a definição de Pain apresentada anteriormente, vale destacar que o professor dá o sinal para o aluno que, por sua vez, outorgando-lhe o direito de ensinar, aprende. Nesta interação, o aluno de aprendiz passa a ser mestre, na medida em que ensina e re-significa ao professor o seu ofício. O aluno é também um dos elementos de uma relação que visa a sua própria autonomia, e quem acaba por destruir a própria relação anteriormente estabelecida na medida em que aprende e sabe.

O indivíduo que aprende ou ensina descobre, sente e conhece – conhece o outro, os objetos e o mundo, reconhecendo-se a si mesmo.

4. Análise do resultado escolar das crianças entrevistadas

A partir das entrevistas, é possível ainda examinar a relação de aprendizagem de um outro ângulo, qual seja, o resultado escolar e as relações com a aprendizagem dos alunos entrevistados, na tentativa de avaliar os fatores que são considerados determinantes do sucesso ou fracasso escolar.

Esta análise deve ser compreendida como um desdobramento, primeiramente porque o foco central deste trabalho é compreender a relação das crianças de 1a. série com o saber em suas várias ramificações. Segundo, porque para proceder um estudo sobre os fatores do resultado escolar seria necessário um levantamento apurado de outros dados – o processo de escolarização dos alunos, seu desempenho em habilidades específicas, modos de interação, a cultura escolar, entrevistas com pais e uma discussão sobre critérios de avaliação – o que encaminharia a pesquisa para uma outra direção. Contudo, o material recolhido é suficiente para que possamos tirar algumas conclusões, enriquecendo os dados estudados anteriormente.

Resultado escolar: alunos que alfabetizaram
Alunos "novos":
Retomemos algumas informações em relação ao primeiro grupo constituído por **alunos "novos"** em 1a. série. Desse grupo de alunos fazia parte: Francimara (7 anos na época da entrevista, cursou a pré-escola), Reginaldo (7 anos, sem pré-escola, participou da recuperação), Vanessa (7 anos, sem pré-escola), Anderson (7 anos, freqüentou a pré-escola), Gisele (7 anos, cursou a pré-escola, participou da recuperação), Gislene (7 anos, cursou a pré-escola).

O desempenho escolar dessas crianças, conforme foi descrito por suas professoras, pode ser dividido em três níveis:
• Anderson e Gislene apresentaram resultados acima da média da classe, recebendo elogios de suas professoras.
• Francimara e Gisele apresentaram um resultado satisfatório.
• Reginaldo e Vanessa são alunos que tiveram uma aprendizagem regular, com alguma lentidão.

Segundo os critérios da escola, as crianças aprovadas para a segunda série deveriam estabelecer relação fala-escrita, conseguir ler e escrever pequenos textos, mesmo que tivessem ainda alguma dificuldade.

De forma geral, todos os alunos acham que a aprendizagem é importante para poder trabalhar, para saber as coisas, para responder quando a professora perguntar; não tiveram dificuldades para responder às questões referentes aos motivos para aprender. Também se referem a um esforço pessoal necessário à aprendizagem; os resultados obtidos são conseqüência de seu esforço.

Algumas informações complementares podem ser ressaltadas para melhor compreendermos a trajetória pessoal das crianças e sua relação com a aprendizagem.

Em relação ao **desenvolvimento da entrevista**, com todos esses alunos a conversa transcorreu sem problemas e alguns mostraram bastante desenvoltura para conversar e expor suas idéias. As entrevistas com Gislene e Reginaldo foram das mais interessantes; extremamente desinibidos, falavam sobre qualquer assunto com desenvoltura e, no início da conversa, respondiam às questões como se estivessem sendo entrevistados pela televisão. Reginaldo foi uma das poucas crianças que quis me entrevistar no final de sua entrevista, como se brincássemos.

De todos os alunos, somente um merece atenção a partir das anotações das professoras sobre **dificuldades familiares** e **comportamento em sala de aula**.

Reginaldo passou por problemas em sua vida pessoal, pois no ano anterior seu pai fora assassinado; ele morava com sua avó, pois a mãe era alcoólatra. Reginaldo faz algumas referências indiretas a esse fato durante a entrevista: desenha um policial aprendendo a dirigir e justifica que é melhor andar de carro, pois pode melhor se proteger de um ladrão; em outro momento, diz que a vida é um grande valor. Segundo a professora, a aprendizagem de Reginaldo foi lenta, é um aluno "carente" que precisa sempre da atenção da professora. Todavia, é uma criança muito ativa, amiga de todos, participante em sala de aula.

Antes de interpretarmos esses dados, gostaria de apresentar as mesmas informações sobre o grupo de alunos repetentes que se alfabetizaram, para podermos comparar posições.

Alunos repetentes que se alfabetizaram:
Ed Carlos (9 anos, fez pré e participou da recuperação), Renato (8 anos, sem informação sobre a pré-escola, não participou da recuperação), Tatiane (10 anos, sem informação sobre a pré-escola, também não participou da recuperação) são os alunos que fazem

parte desse agrupamento. Tatiane, segundo suas próprias informações, não chegou a repetir de ano, mudou de Estado, não conseguiu vaga quando chegou à São Paulo, e esperou até o ano seguinte para entrar nessa escola e cursar a 1a. série um ano inteiro, mas era considerada repetente em sua ficha administrativa.

Em relação aos dados escolares e familiares desses alunos, podemos ressaltar alguns pontos interessantes. Ed Carlos havia passado por dificuldades familiares anteriormente – fugiu de casa porque apanhava da mãe por não aprender – e continuava a ter problemas na nova família (pai, madrasta e suas filhas), mas que pareciam não afetar seu aprendizado. A professora relata: *"aluno muito participativo, ajuda os colegas e às vezes até se antecipa nessa ajuda, não deixando espaço para que outros se manifestem. Seu aprendizado tem sido bastante satisfatório, com grande destaque para matemática."* Para Renato, a aprendizagem foi efetivamente transformadora, alimentando-o e mobilizando-o para novas descobertas. Sua professora escreve: *"Para mim seu desenvolvimento foi surpreendente. Chegou ao nível alfabético bem no princípio do ano. **Transformou-se até a nível pessoal** (grifo da professora). É amigo de todos os meninos, procura sempre ajudar a quem precisa, nas atividades escritas ou orais."*

Tatiane tinha pais engajados em sua aprendizagem. A professora apontou sua liderança positiva na classe e ressaltou que possuía "conceitos avançados" frente à vida, o que a tornava *"às vezes deslocada, incompreendida pelas colegas"*, o que pode ser, ao menos em parte, devido a sua idade, pois tinha 10 anos. Tatiane era uma aluna que queria aprender sempre mais e, nesse sentido, também era uma aluna acima da média da classe.

Ao observarmos os dois sub-grupos de crianças que se alfabetizaram, percebemos algumas diferenças quando comparamos os alunos repetentes e os "novos". Esses três alunos repetentes (Ed Carlos, Renato e Tatiane) possuem maior ligação com o trabalho profissional que irão realizar, com seu futuro, do que os alunos do primeiro sub-grupo, apesar de termos visto anteriormente que esta foi uma característica geral de todas as crianças.

A repetência para esses alunos não pareceu ter levado a uma forte depreciação pessoal que perturbasse a aprendizagem, mas todos os três mencionam várias vezes em suas falas o esforço individual como importante na aprendizagem.

Os três alunos pareceram também mais disponíveis em relação ao trabalho com seus colegas, todos mencionam de alguma forma essa ajuda entre pares na aprendizagem (o que não foi uma constante nas demais entrevistas), talvez porque, como tiveram um rápido desenvolvimento, já mais livres das principais dificuldades do trabalho, estariam abertos para "ensinar" ou para mostrar que já sabem.

A primeira observação que pode ser feita no caso desses alunos repetentes é que a repetência em si mesma não prediz necessariamente um novo fracasso escolar; ao contrário, no caso de Ed Carlos e Renato, que passaram por um fracasso anterior, a repetência serviu como um desafio a ser ultrapassado. Mais maduros e talvez mais conscientes dos limites pessoais e da escola, alfabetizam-se no segundo ano de escolaridade com certo brilho frente ao grupo. Essa maturidade, nesse tipo de caso, pode retornar como uma vantagem frente aos demais; a repetência os faz os melhores alunos de sua classe. Isso não significa que a afirmativa seja generalizável – a reprovação leva ao sucesso – o que seria leviano ou ingênuo dizer, dada a literatura a respeito. Voltarei a abordar esse tema mais adiante.

Resultado escolar: alunos que não se alfabetizaram

Neste grupo encontramos Carlos (7 anos, fez pré e recuperação), Susy (7 anos, não fez pré, nem recuperação) e Alessandra, que era repetente (9 anos, fez pré e não participou da recuperação).

Em relação ao **desenvolvimento da entrevista**, podemos dizer que as entrevistas com essas crianças que tiveram dificuldades na aprendizagem foram as mais trabalhosas; para elas foi mais difícil responder às questões, era preciso estimulá-las, retornar à mesma pergunta formulando-a de várias formas.

Em relação aos **dados familiares** e ao **comportamento em sala de aula** também existem observações feitas pelas professoras.

Carlos era um aluno comunicativo, participava de brincadeiras, de relatos de histórias, mas sua professora diz que ele não conseguia entender as propostas de leitura e escrita porque se dispersava. A recuperação ajudou-o a se organizar com o material escolar e a avançar em suas hipóteses em relação à leitura e escrita. Os pais de Carlos, até aquela ocasião, nunca tinham ido à escola. A professora escreveu: *"mãe com muitos problemas de saúde por excesso de peso. Pai bebe e briga muito, dentro e fora de casa. É mestre de obras. Está fora de casa há um mês porque foi jurado de morte por um marginal!"*

Susy era extremamente ativa em sala de aula; não parava quieta, falava coisas engraçadas, sabia de tudo o que se passava na classe, conversava muito, mas participava das propostas feitas pela professora. Durante a entrevista teve um comportamento muito diferente daquele que eu havia visto em classe; ficou tímida, às vezes inquieta, com uma seriedade que não lhe parecia peculiar. A professora escreve: *"facilmente sai do estado de euforia para a tristeza – depressão?"* Nas observações sobre a família sua professora diz que Susy morava com a avó e o pai, depois que este se separou de sua mãe.

Alessandra também apresenta particularidades no seu comportamento em sala de aula: muito tímida, não participava de quase nada e pouco conversava com seus colegas. A professora relatou problemas de acuidade auditiva (no entanto, sentava-se sempre na última fileira) que talvez não fossem tão graves, pois na entrevista não teve dificuldades para me escutar, embora falasse baixinho. De sua entrevista, podemos perceber uma baixa autoestima: não sabia ensinar nada, achava que a única coisa que sabia era escrever errado, achava que uma pessoa que repetiu de ano não sabe muita coisa, e parecia uma criança "desenergizada". A professora ainda anotou que a mãe era analfabeta e o pai alfabetizado *"mas que não lhe dá muita atenção quanto ao aspecto escolar"*. Escreveu também que Alessandra faltava muito, tinha dificuldades para estar atenta (*"sempre aérea, pensamento distante"*), teve uma aprendizagem lenta, *"agora em novembro está começando a usar adequadamente o sistema silábico, sem valor sonoro."*

O que há em comum entre os alunos que não se alfabetizaram? Essas três crianças que tiveram dificuldades para se alfabetizar eram alunos que tinham problemas familiares, segundo as professoras. Além disso, dentre todos, foram aqueles que tiveram mais dificuldade para conceitualizar ensino e aprendizagem. Mesmo que em todo o grupo os motivos para aprender fossem distantes do conhecimento em si, esses alunos ressaltaram especificamente que aprendiam para "não ficar burro" e para passar de ano, e no momento em que as entrevistas foram realizadas, já podiam perceber que provavelmente esse objetivo não seria conquistado. É nítido, em vários momentos das entrevistas, que tinham uma autoimagem desvalorizada, pois tinham consciência de que não sabiam ler e escrever, não respondendo ao que era esperado pela escola e por si mesmos.

Se o esforço pessoal é um valor importante e motivo da aprendizagem, e esses alunos, mesmo tendo se esforçado, não aprenderam, as razões que os impediram de se alfabetizar devem ser, para eles, incompreensíveis. Provavelmente diante de uma idéia que cai por terra, tentam justificar esse fato como conseguem – ou não se esforçaram suficientemente ou são "burros". A segunda opção é na que se coloca, por exemplo, Alessandra, fato que sua professora também reforça.

Além de uma incapacidade pessoal do aluno para aprender, existe um outro aspecto que via de regra é levantado pelos professores como sendo uma das principais origens dos problemas de aprendizagem das crianças: problemas em casa = problemas na escola. Essa ligação, constantemente feita pela escola, não se evidencia em todos os casos, porque não é tão linear e causal quanto se pressupõe.

De fato, os três alunos que não se alfabetizaram tinham algum fator em sua vida pessoal que poderia ser considerado como perturbador para a aprendizagem, embora a entrevista não dê conta de explicitar se isso era vivido ou não como um problema e de que forma. Além disso, faltam dados familiares, sendo que uma entrevista poderia confirmar ou não a visão do problema. É bem verdade que perturbações de caráter emocional podem dificultar a aprendizagem da criança, mas para se constituir em um problema é preciso saber como esses fatos são vividos pela criança. Uma criança pode viver a separação dos pais como um alívio, por exemplo, o que poderá facilitar sua aprendizagem. No entanto, pode ser ressaltado que, nessa amostra, *todos os alunos que fracassaram tinham problemas familiares, mas nem todos com esses problemas tiveram uma aprendizagem insatisfatória*. Reginaldo, se aprendeu com alguma lentidão, conseguiu alfabetizar-se; Ed Carlos passou uma primeira série com louvor e Renato também. Esses são casos que, no mínimo, levantam dúvidas sobre a origem das dificuldades escolares.

A partir disso, podemos dizer que se a escola é mobilizadora, enquanto geradora de saber, e fonte de relações ricas e aprendizagens a adquirir, a criança tem maior possibilidade de enfrentar os possíveis desajustes de sua vida pessoal. Sendo um "substituto" das relações familiares, de forma menos conflitiva porque mais distanciada, permite à criança um afastamento de suas questões pessoais para dedicar-se a um mundo que lhe abre novos horizontes. Não foi o que ocorreu com Alessandra. O caso de Alessandra merece um olhar mais atento, uma vez que este era o segundo ano que ela vivia um fracasso escolar, pois já era repetente. Analisaremos sua situação no confronto com uma outra aluna, que se coloca em diametral oposição.

Sucesso x fracasso: Alessandra x Gislene

Podemos considerar que Alessandra passa por três abandonos que refletem em seu insucesso. Não é apoiada por sua família, é abandonada pela professora, abandonando-se a si mesma. O fato de Alessandra ter problemas auditivos e ser repetente deveria, a princípio, gerar uma mobilização em sua professora, no sentido de dar-lhe uma atenção individualizada. Não é o que ocorre, como demonstra o lugar em que a aluna se senta na sala de aula, como também o fato de não ter participado da recuperação, como Susy, que também encontrava dificuldades para se alfabetizar.

Vale salientar que a professora de Susy me disse que sempre havia vários alunos que se beneficiariam de uma recuperação de fim de ano, mas que era preciso escolher somente alguns devido ao número limitado de crianças que poderiam ser atendidas (duas professoras recebiam hora extra pelo trabalho de recuperação para atenderem quatro classes). Isso fazia com que as professoras escolhessem, ao menos no fim do ano, os alunos que consideravam com mais chances de serem aprovados, aqueles casos em que "falta só um pouquinho" para se alfabetizarem. Mas isso não impediria que Alessandra participasse ainda da recuperação contínua durante o ano; os motivos para essa ausência não foram levantados.

O que parece ocorrer com alunos como Alessandra – quietos, "apagados" – é que seu próprio desinvestimento acaba por desmobilizar a professora que converge sua atenção para os que não aprendem mas aparecem mais, por chamarem atenção (como alunos indisciplinados), ou àqueles que não aprendem mas conseguem demonstrar interesse. Por outro lado, esse tipo de aluno é um "nó cego" para o professor que, por não "vê-lo", não consegue fazê-lo avançar, mobilizá-lo, o que resulta em um fracasso para o professor. Por ser muito difícil lidar com esse fracasso profissional, o possível problema físico torna-se um bom álibi, como no caso de Alessandra, pois são conhecidas as justificativas de problemas físicos como razão de dificuldades de aprendizagem.

Cria-se então um círculo vicioso. O aluno não está mobilizado, o professor não investe, o aluno que não tem a atenção do professor também não consegue mobilizar-se, deprecia-se, vai aprendendo circunstancialmente o que dá para aprender, vira um empecilho na classe. O professor, em geral pouco preparado para lidar com essas dificuldades, com as suas próprias, com uma grande sobrecarga de trabalho, não consegue administrar a atenção, que muitas vezes sabe ser necessária, a seus alunos. Resultado: novo fracasso.

Portanto, a primeira observação que pode-se fazer em relação às crianças com dificuldades é que quando um fracasso escolar é vivido como um desafio, porque a criança tem recursos pessoais e consegue utilizá-los, gera um estímulo no professor, que reinveste no aluno, que, por sua vez, reinveste na aprendizagem. Quando o fracasso é vivido como falência pessoal, quando é maior do que as possibilidades de investimento, tanto do aluno quanto do professor, a tendência de um novo fracasso é grande.

A aluna Gislene, 7 anos e meio, alfabetizada no final de seu primeiro ano escolar, mostra a outra face da mesma questão. Sua professora escreveu em sua ficha: *"Muito desinibida e participativa. Nunca apresentou dificuldade de aprendizagem. Está sempre além do ritmo médio da classe. É uma aluna brilhante."* Além disso, Gislene tinha *"família unida, pais alfabetizados e com profissão definida. O pai é chefe de cozinha em restaurante classe A."*

O caso de Gislene serve de ponto de partida para uma reflexão sobre os fatores intervenientes em uma boa aprendizagem. A princípio, segundo os dados da professora, Gislene tem uma família que a apóia e provavelmente valoriza sua aprendizagem. Seu temperamento extrovertido, sua forma espontânea de dar opiniões e de sempre ter o que dizer sobre qualquer assunto permitem uma empatia com seu jeito de ser, especialmente se o professor gosta da participação dos alunos. Isso estabelece um primeiro ponto favorável na relação, ao que se acrescenta uma grande vontade de aprender que é constantemente expressa porque Gislene é desinibida. Gislene gostava muito de estar na escola, e ainda melhor, demostrou facilidade para aprender. Parece que essa aluna reúne muitas das características do aluno que a maioria dos professores gostaria de ter: não dá trabalho, aprende rapidamente, é afetiva, responsável, pronta a colaborar.

Essa abertura em Gislene naturalmente leva a professora a ter um olhar mais atento sobre ela, fazendo com que seja, ou pelo menos pense ser, a "melhor aluna da classe", o 'xodó' da professora. Quando o aluno reúne várias condições favoráveis e tem sede de aprender, torna as interações com a professora mais profícuas; a professora também, alimentada por esta relação, devolve uma atenção especial. Nesse sentido, Gislene é tudo aquilo que Alessandra não é e os resultados que apresentaram foram opostos.

Gislenes e Alessandras povoam nossas escolas. Elas mostram os extremos da relação com o saber, e cada um dos casos exige um tipo de atuação diferente do professor. Importante seria se a professora pudesse dar a Alessandras o mesmo alimento que dá a Gislenes e conseguir suportar a dificuldade do trabalho com Alessandras que muitas vezes perderam a vontade de se alimentar ou já não sabem como fazê-lo. É aqui que uma intervenção da escola ou das instituições competentes pela formação do professor deveria ser feita, no sentido de oferecer condições para que o professor pudesse trabalhar com esses alunos adequadamente, do ponto de vista pedagógico, e ajudando-os a ultrapassar as dificuldades da relação com os alunos, do ponto de vista psicológico.

Esses exemplos nos apontam com clareza como o sucesso na aprendizagem implica em uma reunião de fatores (o que nos afasta de explicações causais) como uma boa relação do aluno consigo mesmo, com a professora e com a aprendizagem, condições nem sempre possíveis de serem agrupadas. Revelam, também, como é essencial adequarmos o papel da afetividade na relação de aprendizagem para um bom desempenho de professores e alunos.

Relação professor-aluno

Os casos de Alessandra e Gislene abrem ainda uma outra pista para a interpretação das informações relevantes sobre a família dos alunos fornecidas por suas professoras.

Algumas dessas anotações já foram exemplificadas, como a *"família unida"* de Gislene, os problemas dos pais de Carlos, de Reginaldo e Alessandra. Alguns outros exemplos podem ser ressaltados. A ficha de Renato diz: *"pais alfabetizados e pai com profis-*

são definida (motorista de ônibus). Mãe muito interessada na vida escolar dos filhos. Família extremamente trágica, talvez até em função de um dos membros que não leva vida regular." No caso de Vanessa: "mãe analfabeta e resolveu estudar o que causou grande alegria a Vanessa.", e de Tatiane: "os pais participam de sua vida escolar. Ajudam e incentivam.". Interessa-me, sobretudo, que as anotações feitas eram essas e não outras, isto é, foram essas as escolhidas pelas professoras como uma maneira de apresentar seus alunos. Entende-se aqui que todas essas observações procuram relacionar um padrão familiar à maior ou menor facilidade na aprendizagem.

Se existe um padrão que justifica a boa aprendizagem – uma família estável, com pais interessados, uma vida regrada – tudo o que esta fora dela é motivo de, no mínimo, preocupação. Mas grande parte da população de crianças de nossas escolas públicas vive um padrão familiar que raramente é o mesmo da classe média. Uma família como a de Gislene é quase a exceção à regra. Dentre essas famílias, há os que aprendem e os que não aprendem devido a um número muito maior de razões que somente uma família "instável". Será que as professoras estão dando aula para os alunos que têm ou para os que gostariam de ter? Será que conseguem compreender seus alunos?

Os dados aqui apresentados me impedem de fazer afirmações seguras nesse sentido, e também não tenho dados específicos da relação das professoras com cada um dos alunos entrevistados, mas as perguntas ficam esboçadas como sendo um outro possível desencontro, de uma expectativa que as professoras têm, a qual os alunos não podem corresponder.

Contudo, é essencial ainda deixar outras perguntas que, se não podem ser aqui respondidas, indicam uma imperativa reflexão: se a realidade não corresponde ao que o professor sabe trabalhar, como fazer para que ele possa dela se apropriar? Quais são os instrumentos que o professor possui para atuar de forma mais eficaz? Qual o papel dos grupos de formação que não têm dado conta de sinalizar elementos que possam vir a auxiliar o professor em seu trabalho?

Determinantes do sucesso na aprendizagem
Vimos, neste capítulo, alguns fatores que implicam no resultado escolar das crianças entrevistadas. Todavia, mesmo que gene-

ralizações sejam possíveis, é preciso levar em conta a singularidade de cada sujeito em sua história. A singularidade deve ser compreendida em relação a outros sujeitos e estruturada pelas relações sociais, pois ela *"se constrói dentro de uma lógica específica, a da identidade pessoal, a da subjetividade, lógica irredutível a um "reflexo", ou mesmo à interiorização, das condições sociais"* (Charlot e al., 1992, p.19).

Mesmo considerando as determinações psíquicas ou sócio-históricas as quais estamos submetidos, o caminho do aluno não está pré-determinado e, portanto, nenhum prognóstico de seu percurso escolar é infalível, tanto porque não sabemos como esse determinado sujeito vai reagir aos confrontos com o mundo, quanto porque estudamos um **processo** que é dinâmico, no qual vários elementos se justapõem e se confrontam, indicando sempre novas possibilidades. Dessa forma, durante essa discussão, procurei relevar a presença dessa singularidade como uma forma de ressaltar que, apesar da força de determinantes sociais, generalizações apressadas ou fechadas levam a preconceitos. Todavia, existem algumas conclusões que podem ser transpostas a outras situações.

Resumindo essas observações, vimos que, entre os alunos repetentes e novos estudados aqui, não existe, necessariamente, nada que prediga sucesso ou fracasso na aprendizagem. Mas a boa relação do aluno com o aprendizado é fundamental no seu desempenho escolar. Quando o sentido de aprender não é claro, a relação com a professora não corresponde ao que a criança precisa, o conteúdo do que aprende não se conecta com a vida pessoal da criança (sem, no entanto, se limitar a ela), existem grandes possibilidades de fracasso. Esses fatores, quando somados a um meio familiar pouco estimulante para a aprendizagem corrobora com a possibilidade de fracasso.

As boas vivências com a aprendizagem, especialmente nesse primeiro ano de escola primária, podem, se não garantir, dar um bom substrato para o aprendizado nos anos posteriores da escolaridade. Tendo asseguradas as funções do conhecimento e sua mediação através das relações escolares – professor e colegas – o investimento da criança no acesso ao saber poderia ser impulsionado e realimentado pelas próprias experiências.

V. Uma síntese

Analisei, neste livro, a relação triangular entre aluno-conhecimento-professor, essencialmente a partir da relação do aluno com o saber, procurando melhor compreender a criança em fase inicial de alfabetização. Acredito que, com esta pesquisa, pude organizar alguns dados e chegar a algumas conclusões que são resumidas a seguir.

A análise dos dados nos aproxima da literatura sobre desenvolvimento e aprendizagem, reforçando que existe uma grande **mobilização nos alunos** para o aprendizado formal no início da escolaridade, e que essa mobilização é fundamental para o desenvolvimento do sujeito. A relação do aluno com o saber é transversalizada por condições psíquicas particulares, pelo desenvolvimento físico e ocorre em um lugar e em um tempo específicos.

A **construção do sentido** da aprendizagem e da escola está baseada nos motivos/desejos de conhecer que são construídos através de uma rede de significados na relação com o mundo dos objetos, das pessoas e do conhecimento; porém, aprendemos somente se as ações são eficazes. A eficácia da ação depende da adequação às capacidades emergentes, oriundas de possibilidades bio-psico-sociais, e da mobilização que instaura. A mobilização para a aprendizagem é alimentada continuamente pelos benefícios das conquistas aprendidas. Essas aprendizagens, sendo satisfatórias, podem gerar novos interesses e novas aprendizagens, num movimento contínuo. Esses motivos/desejos são enriquecidos pela própria escola, quando ela é eficaz em seu objetivo de ensinar.

No que se refere ao **conhecimento**, vimos que ele é um valor importante para as conquistas posteriores das crianças. A relação entre conhecimento e escola é estreita e em geral, para os alunos, há uma fusão entre ambos: estar na escola é aprender. Existe o aprender a estar na escola que é também aquisição de saber; é preciso compreender o que é esperado que se faça e para isso existe uma série de regras, parte de um contrato pedagógico cheio de nuances, que deve ser cumprido para que se possa aprender. As aprendizagens da leitura, escrita e da matemática são bastante valorizadas, embora suas finalidades tenham permanecido distantes da vida cotidiana das crianças entrevistadas.

Não podemos também esquecer que os saberes que são mediados na relação escolar são construídos incessantemente e sua aquisição é necessária se quisermos que as crianças das classes populares tenham acesso a uma condição de vida mais justa. O saber não é algo pronto, o qual se possa ingerir, e que tem o limite de uma refeição que, depois de feita, basta, estamos saciados.

> *"Saber e conhecer não consistem em uma possessão. Eles resultam, antes, de uma atividade, de um exercício cuja dinâmica não é da ordem do ter. Para esta atividade, é preciso tempo, porque ela é uma relação entre sujeitos e um movimento de objetivação que se elabora em um diálogo nunca terminado de sujeitos desejantes de conhecer. (...) O saber é primeiramente um verbo - atividade no tempo. O saber fatiado, cortado é um saber morto, perde-se o gosto de um saber que é a princípio sabor"* (Cornu et al., 1990 p.96 e 136).

Os resultados da análise das respostas dos alunos mostraram também que os professores são modelos por excelência porque detêm o poder do saber e do saber ensinar. **Boas relações com professores** e com os pares são determinantes do sucesso da aprendizagem. Eles também alimentam e estimulam novas aprendizagens e, caso contrário, podem interrompê-las. Portanto, uma relação próxima e tranqüila com os professores é essencial para que os alunos aprendam.

As professoras entrevistadas, por sua vez, se colocaram um pouco à margem do processo de aprendizagem de seus alunos. Ao caracterizarem o afeto enquanto amor pelo indivíduo que o aluno é como o atributo mais importante para quem ensina, acabam se desviando das expectativas de afeto de seus alunos que o querem sob a forma de atenção, valorização e transmissão de conhecimento. O afeto das professoras, da maneira como foi expressado, parece mascarar as próprias dificuldades profissionais, as dúvidas e o não saber fazer. As professoras podem ter sido para esses alunos uma boa referência enquanto primeira (ou segunda) professora, e se foram capazes de alfabetizar quase todos seus alunos, o que é um grande mérito, não foram bem sucedidas ao lhes transmitir as funções sociais do conhecimento que veiculavam e, em última instância, deixaram incompleto o papel da escola. O exercício da **autoridade do professor**, baseado no saber, na competência e no respeito à própria função e ao aluno, é condição para uma boa aprendizagem.

Finalmente, com relação a **ensinar**, lembramos que o ensino requer também uma aprendizagem cotidiana e, portanto, demanda esforço, mobilização e disposição para o confronto. Para ensinarmos, também precisamos ter motivos/desejos sempre aquecidos. Precisamos ainda ter o objeto do conhecimento bem integrado e compreender a natureza da tarefa a ser realizada. O domínio do que será transmitido é tão importante quanto os meios de transmiti-lo. No caso da leitura e escrita, não basta conhecer teorias sobre seu desenvolvimento, mas deve-se, sobretudo, procurar maneiras eficientes de colocá-las em prática.

Para ensinar é importante também conhecer o aluno em suas necessidades, seus limites, suas particularidades, que guiarão as diversas etapas do trabalho. Conhecer o aluno não é suficiente, mas essencial para uma boa aprendizagem.

Podemos ainda incluir a constatação óbvia, mas imprescindível, de que as condições históricas e materiais definem e contribuem decisivamente para o sucesso da aprendizagem.

A partir dessas conclusões, este trabalho acrescenta informações às pesquisas que buscam a integração de diversos aspectos do sujeito e sugere uma frente de estudo que permita ultrapassar o que foi até aqui exposto. Em relação à sala de aula, de onde a pesquisa saiu e para onde gostaria que retornasse, creio que permite uma reflexão sobre as práticas em vigor e sugere atitudes e procedimentos aos professores de séries iniciais, tendo como principal referência a **voz dos alunos**. Constata, ainda, que a escola é um grande valor para crianças e professores e, por essa razão, deve ser constantemente pensada e nutrida para que cumpra seus objetivos.

E, finalmente, mostra que **aprender** é um dos verbos mais humanos por suas qualidades relacionais, e dos mais transformadores, por suas transitividades.

REFERÊNCIAS BIBLIOGRÁFICAS

BAÏETTO, Marie-Claude. *Le désir d'enseigner*. Paris: Les Éditions E S F, 1985.
BEILLEROT, J.; BLANCHARD-LAVILLE, C.; BOUILLET, A. et al. *Savoir et rapport au savoir - élaborations théoriques et cliniques*. Paris: Editions Universitaires, 1989.
BEILLEROT, Jacky. *Dictionaire de l'éducation et de la formation*. (mimeo) Université de Paris X- Nanterre, 1995.
BERGES, Jean. "A instância da letra na aprendizagem" in *Boletim*, revista da Associação Psicanalítica de Porto Alegre: ano II, no. 6, 1991.
CASTORINA, José & LENZI, Alícia. *Las ideas iniciales de los niños sobre la autoridad escolar - una indagacion psicogenética* (mimeo), sem data.
CHARLOT, Bernard et al. *École et savoir dans le banlieue... et ailleurs*. Paris: Armand Colin, 1992.
CHIAROTINNO, Zélia R. *Piaget: modelo e estrutura*. Rio de Janeiro: José Olympio, 1972.
CHILAND, Colette. "L'enfant a la période de latence" in *Psychologie Scolaire* - bulletin de l'Association française des Psychologues scolaires, n 23, Paris: 1978.
CUNHA, Antônio Geraldo da. *Dicionário Etimológico Nova Fronteira de língua portuguesa*. Rio de Janeiro: Nova Fronteira, 1982.
CORNU, L.; POMPOUGNAC, J-C; ROMAN, J. *Le barbare et l'écolier*. Paris: Calmann-Levy, 1990.
DANTAS, Heloysa. "Emoção e ação pedagógica na infância: contribuição de Wallon". in *Temas em Psicologia*, n° 3, São Paulo, 1993.
DANTAS, H. e CAMARGO PRADO, E. "Alfabetização: responsabilidade do professor ou da escola?" in AZEVEDO, M. A. & MARQUES, M. L. (org.) *Alfabetização hoje*. São Paulo: Cortez, 1994.
DAVIS, Cláudia & LUNA, Sérgio. "A questão da autoridade na edu-

cação" in *Cadernos de Pesquisa* n 76, São Paulo: Carlos Chagas/ Cortez, 1991.

DIETZSCH, Mary Júlia M. *Um texto. Vários autores. Relações fala-escrita em textos de crianças das séries iniciais de primeiro grau.* Tese de doutorado, Universidade de São Paulo, Instituto de Psicologia, 1988.

___. "Escrita: na história, na vida, na escola" in *Cadernos de Pesquisa*, n.71, São Paulo: Fund. Carlos Chagas, 1989.

___. "Cartilhas: a negação do leitor" in MARTINS, M.H. (org.) *Questões de linguagem*. São Paulo: Contexto, 1991.

DIETZSCH, M. J. & SETÚBAL, M. A. "Itinerantes e itinerários na busca da palavra" in *Cadernos de Pesquisa*. n° 88, Fundação Carlos Chagas/Cortez, fev- 1994.

DUMONT, Michelle & MOSS, Ellen. "Influence de l'affectivité sur l'activité cognitive des enfants" in *Enfance*, Tome 46, n° 4, Paris, 1992.

DURU-BELLAT, Marie & HENRIOT-VAN ZANTEN, Agnès. *Sociologie de l'école*. Paris: Armand Colin, 1992.

ELKONIN, D. "Sobre el problema de la periodizacion del desarrollo psiquico en la infancia" in *La psicologia evolutiva y pedagogica en la URSS - Antologia*, Progresso, 1987.

FABRE, Claudine. "Les textes écrits dans le Cours Préparatoire: quels repères?" in *La production d'écrits: de l'école maternelle au collège*. Dijon, CRDP, 1991.

FERNANDEZ, Alicia. *La sexualidad atrapada de la señorita maestra*, Buenos Aires: Nueva Vision, 1992.

___. *A inteligência aprisionada*, Porto Alegre: Artes Médicas, 1990.

FERREIRA, Aurélio Buarque de Holanda. *Novo Dicionário da Língua Portuguesa*. 2a. ed., Rio de Janeiro: Nova Fronteira, 1986.

FERREIRA, Teresa. "O período de latência na criança" in *Revista portuguesa de Pedopsiquiatria*, Lisboa, março, Associação Portuguesa de Psiquiatria da Infância e Adolescência, 1993.

FILLOUX, Janine. *Du contrat pédagogique*. Paris: Dunot, 1974.

FREUD, Anna. "Relações entre a Psicanálise e a Pedagogia" in *Boletim*, revista da Associação Psicanalítica de Porto Alegre, ano III, no. 7, 1992

FREUD, Sigmund. "Três ensaios sobre a teoria da sexualidade", cap.II "A sexualidade infantil" in *Obras psicológicas completas*, vol. VII, Rio de Janeiro: Imago, 1972.

___. "O mal-estar na civilização" in *Obras psicológicas completas*.

REFERÊNCIAS BIBLIOGRÁFICAS

vol. XXI, Rio de Janeiro: Imago, 1974-A.
___. "Sobre o narcisismo: uma introdução" in *Obras psicológicas completas*. vol. XIV, Rio de Janeiro: Imago, 1974-B.
___. "Psicologia de grupo e análise do ego", cap. VII "Identificação" in *Obras psicológicas completas*, vol XVIII, Rio de Janeiro: Imago, 1974-C.
___. "Moral sexual 'civilizada' e doença nervosa moderna". in *Obras psicológicas completas*, vol IX, Rio de Janeiro: Imago, 1980.
GROSSI, Esther P. & BORDIN, Jussara. (org.) *Construtivismo póspiagetiano*. Petropólis: Vozes, 1993.
KUPFER, Maria Cristina. *Freud e a educação*. São Paulo: Scipione, 1989.
LAPLANCHE, J. & PONTALIS, J. B. *Vocabulário de Psicanálise*. Lisboa: Martins Fontes,1967.
LEONTIEV, A.N. & VYGOTSKY, L. & LURIA A. R. *Linguagem, desenvolvimento e aprendizagem*. São Paulo: Ícone, 1989.
LURIA, Alexander R. *Desenvolvimento Cognitivo: seus fundamentos culturais e sociais*. São Paulo: Icone, 1990.
MALANDAIN, Claude. *Scolarité et développement de la personnalité*. Publications de l'Université de Rouen, n 153, 1989.
MAUCO, Georges. *Psychanalyse et éducation*. Paris: Aubier-Montaigne, 1968.
MILLOT, Catherine. *Freud antipedagogo*. Rio de Janeiro: Campus, 1979.
MUNARI, Alberto. "Piaget: antipedagogo? in *Revista Argentina de Psicologia*, año XI, n . 29, Associación de Psicólogos de Buenos Aires, marzo, 1981.
MOISÉS, M. Aparecida A. & COLLARES, Cecília A. L. "Sobre alguns preconceitos no cotidiano escolar" in *Idéias - Alfabetização: passado, presente, futuro*, n° 19, FDE, 1993.
OLIVERO, Maria Elena C. & PALACIOS, Cristina van der K. "Test 'Pareja Educativa'. El objeto de aprendizaje como medio para detectar la relacion vincular latente". in *Aprendizaje Hoy* (mimeo.)
PAIN, Sara. Entre conocimiento e inteligencia in *El niño y el psicoanalisi? Revista Argentina de Psicologia*, año XI, no. 27, Associación de Psicólogos de Buenos Aires, julho, 1980.
___. "Processo da aprendizagem e o papel da escola na transmissão do conhecimento" in *Cadernos Cevec*, no. 1, São Paulo, Centro de Estudos Vera Cruz, 1985.

PALANGANA, Isilda C. *Desenvolvimento e aprendizagem em Piaget e Vygotsky: a relevância do social* . São Paulo: Plexus, 1994

PERRENOUD, Philippe. *Métier d'élève et sens du travail scolaire*. Paris: ESF, 1994.

PERRET-CLERMONT, Anne-Nelly. "Interactions sociales et construction des savoirs" in *On n'apprend pas tout seul*. Paris, CRESAS, Editions E.S.F., 1986.

PIAGET, Jean. *Le jugement moral chez l'enfant*. Paris, P.U.F., 1969.

___. *Psychologie et pédagogie*. Paris: Denoël, 1969-A.

___. *La psychologie de l'intelligence*. Paris: Armand Colin, 1967.

___. *Problèmes de psychologie génétique*. Paris: Denoël, 1972.

___. "The relation of affectivity to intelligence in the mental development of the child" in *Bulletin of the Menninger Clinic*, May, 26, (3), 1962, trad. Ana Lucia S. Petty do IP-USP.

PINO, Angel. "O conceito de mediação semiótica em Vygotsky e seu papel na explicação do psiquismo humano" in *Cadernos Cedes*, no. 24. Campinas: Papirus, 1991.

PINOL-DOURIEZ, Monique. "Confrontation entre les approches freudienne et piagétienne dans l'étude des structures mentales et leur fonctionnement" in *Cahiers de Psychologie*, n 22, Paris, 1979.

POSTIC, Marcel. *L'imaginaire dans la relation pédagogique*. Paris: P.U.F, 1989.

ROCHEX, Jean-Yves. *Entre activité et subjectivité: le sens de l'expérience scolaire*. Tese de Doutorado em Ciências da Educação, Universidade Paris VIII, 1992.

SCHNEUWLY, B. & BRONCKART, J. P. *Vygotsky aujourd'hui*. Paris: Delachaux & Niestlé, 1985.

SETÚBAL, Maria Alice. *Conquistando o mundo da escrita*. São Paulo: Ática, 1994.

TAILLE, Yves de La & KOHL OLIVEIRA, Marta & DANTAS, Heloysa. *Piaget, Vygotsky, Wallon: teorias psicogenéticas em discussão*. São Paulo: Summus, 1992.

VYGOTSKY, Lev S. *Pensamento e linguagem*, 2°ed.. São Paulo: Martins Fontes, 1989-A.

___. *A formação social da mente*, 3a.ed.. São Paulo: Martins Fontes, 1989.

WALLON, Henri. *As origens do caráter na criança*. São Paulo: Nova Alexandria, 1995.

___. *La vie mentale*. Paris: Éditions Sociales, 1982.

___. *Enfance - Psychologie et éducation de l'enfance.* n 3-4, mai-octobre, Paris, 1959.

WINNICOTT, D.W. *O brincar e a realidade.* Rio de Janeiro: Imago, 1971.

___. *A criança e seu mundo.* 6a.ed. Rio de Janeiro: Zahar, 1985.

WEREBE, M. José Garcia & NADEL-BRULFERT, Jacqueline (org.) *Henri Wallon.* São Paulo: Ática, 1986.

WERTSCH, James V. *Vygotsky y la formación social de la mente.* Barcelona: Paidós, 1988.

ANEXOS

Roteiro da entrevista com os alunos:

1. É importante aprender? Para que serve?
2. Que outras coisas são importantes aprender? Quais não são? Que tipo de coisas a gente aprende?
3. O que acontece se uma pessoa não aprende?
4. Por que não aprende?
5. Quem pode ensinar? O que precisa para ensinar?
6. Você já ensinou? Como foi? O que fez?
7. Você gosta de aprender? E de ensinar? Qual é mais fácil?
8. De que jeito a gente tem que ensinar para alguém aprender?
9. Todas as pessoas podem aprender? E ensinar?
10. Existem coisas que a gente não precisa aprender, que já sabe?
11. O que você gostaria de aprender que ainda não aprendeu?
12. Você aprende coisas que não são importantes?
13. Na escola a gente aprende? Onde mais aprende? O que é diferente de aprender na escola e em outros lugares? Um é mais importante que o outro?
14. Tem alguma coisa que a criança sabe e o professor não? O professor sabe coisas que a criança não sabe?
15. O que você acha que sua professora sabe?
16. A gente aprende a brincar?
17. É só gente que aprende? E bicho? E planta? E eles ensinam?
18. Você conhece alguém que sabe muito? Quem? Por que será que essa pessoa sabe?
19. Você conhece alguém que sabe pouco?
20. O que uma pessoa tem que fazer para saber muita coisa?
21. A gente aprende com a TV?
22. Você já aprendeu alguma coisa sozinho?
23. Às vezes você ainda não aprendeu mas diz que já sabe? Você conhece alguém que não aprendeu mas fala que já sabe?
24. Para que a gente aprende a escrever? E a ler?
25. É mais fácil aprender a ler do que escrever ou é igual? Por quê?
26. É mais fácil aprender a falar ou a escrever?

Roteiro da entrevista com as professoras:

1. Há quanto tempo você é professora? Por que você escolheu ser professora?
2. Há quanto tempo você trabalha com alfabetização? Como trabalhava antes da proposta atual da Prefeitura? Usava livro didático? Deixou de usar?
3. Há quanto tempo você está nessa escola?
4. Como você vê a educação no Brasil hoje?
5. O que você acha que precisa mudar?
6. O que é escrita? Quais as relações entre fala e escrita?
7. Como você acha que uma criança se alfabetiza?
8. O que você considera mais importante para que a criança aprenda a ler e a escrever?
9. Qual é o papel do professor neste processo?
10. Quais os problemas que existem no processo de alfabetização?
11. O que você acha desta escola?
12. Você tem apoio da direção e da orientação no seu trabalho?
13. Como você acha que deveria ser uma orientação pedagógica para professores?
14. Como você passa seu tempo de lazer?
15. Você gosta de ler? Que tipo de livros?
16. Você gosta de escrever? Que coisas você gosta de escrever?
17. Você acha que você tem mais facilidade para ler ou escrever?
18. A seu ver, como é um bom professor?

ANEXOS

DADOS SOBRE AS CRIANÇAS ENTREVISTADAS
(ficha preenchida pelas professoras)

Nome:_____
Data de nascimento:_____
Mora com quem?_____
Algum dado familiar que acha relevante_____

CURRÍCULO ESCOLAR:
Fez pré? ( ) Sim   ( ) Não
Em que ano? _____
Está cursando a 1ª série pela primeira vez?
( ) Sim   ( ) Não
Em caso negativo, explique como foi a trajetória escolar dessa criança até este ano_____

Participou da recuperação? ( ) Sim   ( ) Não
Em caso positivo, por quanto tempo? _____
Você acha que a recuperação ajudou-a?_____
Em que sentido?_____

Descreva brevemente como você caracteriza este aluno em seu grupo e como tem se desenvolvido seu aprendizado.
_____
_____
_____

Se possível, anexe junto a esses dados um trabalho realizado por este aluno no 1º semestre (ditado ou produção de texto) e uma produção recente.

Biblioteca Plexus de Ciências Humanas

Coleção vermelha: *Distúrbios da Comunicação*
- **Portas Entreabertas – A luta de uma mãe para abrir as portas do mundo da filha autista** de *Yvonne Meyer Falkas* (160 págs.).
- **A Linguagem como Processo Terapêutico – Sócio-construtivismo – Interações eficazes** de *Regina Maria Freire* (160 págs.).
- **Desenvolvimento Auditivo de Crianças Normais e de Alto Risco** de *Marisa Frasson de Azevedo, Raymundo Manno Vieira e Luiz Celso Pereira Vilanova* (220 págs.).
- **Fonoaudiologia e Educação – Um encontro histórico** de *Ana Paula Berberian* (160 págs.).
- **Fonoaudiologia: Recriando seus Sentidos** organizado por *Maria Consuêlo Passos* (160 págs.). Colaboradores: *Antonio Joaquim Severino; Mary Jane Spink; Ruth Ruivo Palladino; M. Claudia Cunha e Roberta E.O. Gomes; Silvia Friedman; Ana Lucia Tubero; Regina M. Freire.*

Coleção azul: *Pedagogia*
- **Desenvolvimento & Aprendizagem em Piaget e Vygotsky (A Relevância do Social)** de *Isilda Campaner Palangana* (160 págs.).
- **Da Sedução na Relação Pedagógica – Professor-aluno no embate com afetos inconscientes** de *Maria Aparecida Morgado* (136 págs.).
- **Oficinas de Matemática e de Leitura e Escrita – Escola Comprometida com a Qualidade** de *Equipe do CENPEC* (160 págs.). Colaboradores: *Andrea C. Carrer, Célia M. C. Pires, Izabel Brunsizian, M. Alice Setubal, M. Amábile Mansutti, Raquel L. Brunstein e Renata M. A. Makray.*
- **Trama & Texto – leitura crítica / escrita criativa – volume I –** organizado por *Lucídio Bianchetti* (192 págs.). Colaboradores: *Isilda Campaner Palangana; Ari Paulo Jantsch; Sérgio Schaefer; João Geraldo P. Ferreira; Dercy Akele; Silvia Zanatta da Ros; Hulda Cyrelli de Souza; Sonia Kramer; Olinda Evangelista; e os que eram alunos*

na época: *Augusto J. Luis, Geovana M. Lunardi, Jefferson S.D. Rocca, Julia L. Souza, Lilian Luz e Regina Piske.*
- **Trama & Texto – leitura crítica / escrita criativa** – volume II – organizado por *Lucídio Bianchetti* (224 págs.). Colaboradores: *Frei Betto; João B. Botelho; Luiz H. Fabiano; Tânia K. Rosïng; Diana Carvalho e Reginaldo Dias; Arnaldo Franco Jr., Sílvia Vasconcelos e Renilson Menegassi; Nerli N. Mori e Sônia Rossetto; Luzia Bellini; Juarez V. Nascimento e Ruy Krebs; Dilvo Restoff; Celso Ferretti; Regina C. Silveira; Mirian J. Warde; Gaudêncio Frigotto; Roberto Romano; Mário O. Marques; Eduardo Tomanik.*

Próximo lançamento:
- **Possibilidades de histórias ao contrário ou como desencaminhar o aluno da classe especial** de *Anna Maria Lunardi Padilha* (96 págs.).

Coleção verde: *Psicologia*
- **Temas em Terapia Familiar** organizado por *Tai Castilho* (144 págs.). Colaboradores: *Gilda Franco Montoro; Moisés Groisman e Mônica V. Lobo; Sandra Fedullo* e o italiano *Carmine Saccu*.
- **Jogos: Repetição ou Criação? – Abordagem psico-dramática** de *Júlia M. Casulari Motta* (144 págs.).
- **Psicodrama: descolonizando o imaginário** de *Alfredo Naffah Neto* (304 págs.).

Coleção amarela: *Neuropsicolingüística*
- **Às Margens do Sentido** de *Monica Gandolfo* (96 págs.).
- **Linguagem e Cognição: as reflexões de L.S. Vygotsky sobre a ação reguladora da linguagem** de *Edwiges M. Morato* (144 págs.).
- **A criança surda – linguagem e cognição numa perspectiva sócio-construtivista** de *Marcia Goldfeld* (172 págs.).

Beatriz Penteado Lomônaco

Psicóloga graduada em 1983 pela Pontifícia Universidade Católica de São Paulo, obteve seu mestrado pela Faculdade de Educação da USP em 1994 e, em 1998, seu doutorado em Sciences de l'Education, pela Université Paris VIII, sob orientação do prof. Bernard Chalot.

Sempre desenvolveu trabalhos com crianças, alternando a atuação como professora com a de orientadora educacional e pesquisadora. Trabalhou no CENPEC – Centro de Estudos e Pesquisas em Educação, Cultura e Ação Comunitária, onde participou de diferentes projetos de pesquisa e ministrou assessoria a professores, coordenadores, diretores e alunos de escolas públicas.

Paralelamente à atividade de pesquisa, a autora sempre se dedicou à transmissão de conhecimentos, na forma de cursos, palestras e demais modalidades de intercâmbio concreto com o público envolvido com a educação. Em 1995 foi agraciada com o Prêmio Jabuti de Melhor Livro Didático, na qualidade de co-autora da obra *Letra viva*.

LEIA TAMBÉM

ACELERAÇÃO DE ESTUDOS
Equipe do CENPEC
Fruto do trabalho desenvolvido com a finalidade de enfrentar os problemas da repetência e do abandono escolar, por meio de uma proposta curricular de aceleração de estudos, este livro retrata o compromisso político de apoiar o sistema público de ensino, reconhecendo na exclusão escolar reflexos da exclusão sócio-econômica. REF. 10760.

DESENVOLVIMENTO E APRENDIZAGEM EM PIAGET E VYGOTSKY
A relevância do social
Isilda Campaner Palangana
Este livro analisa as propostas e as bases teóricas e metodológicas de Piaget e Vygotsky quando articulam o desenvolvimento e a aprendizagem a partir de uma perspectiva interacionista. Destaca o valor e a função do ambiente social dentro do interacionismo construtivista de Piaget e do sociointeracionismo de Vigotsky. REF. 10762.

DA SEDUÇÃO NA RELAÇÃO PEDAGÓGICA
Professor-aluno no embate com afetos inconscientes
Maria Aparecida Morgado
O livro preenche uma lacuna nas discussões sobre a relação pedagógica, causa de constante tensão e, freqüentemente, de seqüelas irreversíveis. Abordando a complexidade dessa relação, a obra responde a muitas questões sobre a interferência da emoção no processo ensino-aprendizagem. REF. 10765.

OFICINAS DE MATEMÁTICA E DE LEITURA E ESCRITA
Escola comprometida com a qualidade
Centro de Pesquisas para Educação e Cultura – CENPEC
Os capítulos estão fundamentados na concepção de que a escola deve garantir ao aluno competência e habilidades básicas para o exercício da cidadania, indicando que leitura e escrita, raciocínio e resolução de problemas devem ser trabalhados numa abordagem interacionista, dentro do cotidiano e do contemporâneo. Transparecem as preocupações com políticas públicas, formação de professores e outras da equipe do CENPEC. REF. 10769.

**impresso na
press grafic
editora e gráfica ltda.**
Rua Barra do Tibagi, 444
Bom Retiro – CEP 01128-000
Tels.: (011) 221-8317 – (011) 221-0140
Fax: (011) 223-9767

------- dobre aqui -------

ISR 40-2146/83
UP AC CENTRAL
DR/São Paulo

CARTA RESPOSTA
NÃO É NECESSÁRIO SELAR

O selo será pago por

summus editorial

05999-999 São Paulo-SP

------- dobre aqui -------

APRENDER: VERBO TRANSITIVO

summus editorial
CADASTRO PARA MALA-DIRETA

Recorte ou reproduza esta ficha de cadastro, envie completamente preenchida por correio ou fax, e receba informações atualizadas sobre nossos livros.

Nome: _____ Empresa: _____

Endereço: ☐ Res. ☐ Coml. _____ Bairro: _____

CEP: _____ - _____ Cidade: _____ Estado: _____ Tel.: ( ) _____

Fax: ( ) _____ E-mail: _____

Profissão: _____ Professor? ☐ Sim ☐ Não Disciplina: _____ Data de nascimento: _____

1. Você compra livros:
- ☐ Livrarias
- ☐ Telefone
- ☐ Internet
- ☐ Feiras
- ☐ Correios
- ☐ Outros. Especificar: _____

2. Onde você comprou este livro? _____

3. Você busca informações para adquirir livros:
- ☐ Jornais
- ☐ Revistas
- ☐ Professores
- ☐ Amigos
- ☐ Internet
- ☐ Outros. Especificar: _____

4. Áreas de interesse:
- ☐ Educação
- ☐ Psicologia
- ☐ Corpo, Movimento, Saúde
- ☐ Comportamento
- ☐ PNL (Programação Neurolingüística)
- ☐ Administração, RH
- ☐ Comunicação
- ☐ Literatura, Poesia, Ensaios
- ☐ Viagens, Hobby, Lazer

5. Nestas áreas, alguma sugestão para novos títulos? _____

6. Gostaria de receber o catálogo da editora? ☐ Sim ☐ Não

7. Gostaria de receber o Informativo Summus? ☐ Sim ☐ Não

Indique um amigo que gostaria de receber a nossa mala-direta

Nome: _____ Empresa: _____

Endereço: ☐ Res. ☐ Coml. _____ Bairro: _____

CEP: _____ - _____ Cidade: _____ Estado: _____ Tel.: ( ) _____

Fax: ( ) _____ E-mail: _____

Profissão: _____ Professor? ☐ Sim ☐ Não Disciplina: _____ Data de nascimento: _____

summus editorial
Rua Itapicuru, 613 – 7º andar 05006-000 São Paulo - SP Brasil Tel.: (11) 3872 3322 Fax (11) 3872 7476
Internet: http://www.summus.com.br   e-mail: summus@summus.com.br